はじめよう！
ブックコミュニケーション

響きあう教室へ

村中李衣 著
伊木 洋

金子書房

CONTENTS

CHAPTER 1
響きあう教室が生まれるブックコミュニケーション

- はじめに――ブックコミュニケーションの扉を開けて　　2
- ブックコミュニケーションとは　　2
- ブックコミュニケーションで大切なこと　　6
- 「読みあい」からブックコミュニケーションへ　　7
- ブックコミュニケーションにおけるコミュニケーションとは　　9
- ブックコミュニケーション4つのポイント　　10
- 本書の活用の仕方　　13

CHAPTER 2
さあ，ブックコミュニケーションの時間です

・・・・・・・・・・・・・・・・・・・・・・・・・・・・・・・・

小学校編

4月 いのち *16*
いのちのつながり／いのちの場所／
ここから一緒に歩いていこう

5月 ともだち *21*
ちゃんと出会う／ちっぽけだからこそ／
あなたは誰？ わたしは誰？

6月 おもいやり *26*
悲しみから逃げない／あなたの中の「一つずつ」／
見通す力・見通そうとする力

7月 はっけん *31*
心がしゅんとした日には／科学という考え方／
知らなさを知るということ

8月 いきもの *36*
教室で深い息をしよう／世界の広さを知ろう／
見方を変えればこんなにラクダ？

9月 気づき *41*
ひとしずくのゆくえ／アイツの抜けた数式／
あたりまえの一日は特別な一日につながってる

10月 せいかつ *46*
自分をとりまくしくみを味わう／普通ってなあに？／
あわててそっちに行かなくても大丈夫

11月 もの *51*
君のまわりは，いつも新しい／雨にぬれても／
"ない"ということの豊かさ

12月 からだ *56*
わがクラスのこころ・いき！／
聞きたいのに，なぜって聞けない，何でだろう？／
からだを知ろう

1月　ことば　*61*
言葉を身体で楽しもう／今日一日分の元気が言葉になる／
ヘンだって思う気持ちはヘンじゃない？

2月　じぶん　*66*
今日も私たちは新しくなる／みんな不思議を生きている／
お楽しみ貯金の使い道

3月　みらい　*71*
未来へのことづて／未来に住む／
ただ一度だからこそ

中学校編　4月　出会いのとき　*76*

5月　劣等感を超えて　*78*

6月　気づかい合う　*80*

7月　ほどよい距離感　*82*

8月　戦争を我がこととして　*84*

9月　ともに作りあげる　*86*

10月　世界とつながる　*88*

11月　弱さを受けとめて　*90*

12月　あさましい心に向き合う　*92*

1月　種をまく　*94*

2月　明日はきっと　*96*

3月　別れのとき　*98*

すべてをこの瞬間につなげて　*100*

CHAPTER 3
ブックコミュニケーションのさまざまなかたち

・・・・・・・・・・・・・・・・・・・・・・・・・・・・・・・・

ベテラン先生によるブックコミュニケーション〈小学校〉　　*102*

新人先生によるブックコミュニケーション〈小学校〉　　*104*

学校司書によるブックコミュニケーション〈小学校〉　　*107*

学生が取り組んだブックコミュニケーションの広がり　　*113*

ブックコミュニケーションを国語の授業へ発展させる試み　*115*

ブックコミュニケーションの活用と展開　　*118*

ブックコミュニケーションに活用できるブックリスト　　*121*

装丁・装画・イラスト　しろぺこり

CHAPTER 1
響きあう教室が生まれる ブックコミュニケーション

■はじめに──ブックコミュニケーションの扉を開けて

　教室で子どもたちの前に立つ。毎日立つ。悩んでいる時も，体調の悪い時も，内心怒りで心がブルブル震えている時も，背筋をしゃんと伸ばして子どもたちの前に立つ。教師というのは，考えてみれば，どんな時でも「人としての整え」が要求される仕事です。自分を成長させてくれる大切な一日一日の積み重ねであると同時に，生身の人間としては，ちょっとしんどいことでもありますよね。

　私も学生の前では「教える顔」「見守る顔」「指導する顔」をしていることがほとんどで，学園祭や合宿など特別なイベントの時以外，「育ちあう顔」を見せることは，めったにありません。そんな中，唯一「本」を仲立ちにして学生たちと向き合う時は，生身の自分が「先生」という枠からはみ出し，ゆるやかに学生たちの胸の内に入っていくような心地よさが教室の中に生まれるのを実感してきました。

　小学校や中学校の先生は，指導的な役割が大きく，自分を律する厳しさが要求され，自由が制限されているように感じていました。そんな立場にある小・中学校のどの学年のどの先生でも「生活の中の顔」を，ごく自然に子どもたちに開いて見せることができる誘いができないかなと考えたのが，ブックコミュニケーションという手法を考えるきっかけでした。本の力を借りよう！　と。

■ブックコミュニケーションとは

　学校現場で教科書以外の本を活用する場面といえば，①朝の10分間読書，②参考図書を用いた調べ学習，③司書教諭，学校司書，ボランティアの方々が一つのテーマについて何冊かの本を紹介するブックトーク，④本を手がかりに子ども同士のつながりをつくるアニマシオン，のようなものが主流です。どの活動にも，入念な下準備と計画が必要です。特に先生が

CHAPTER1　響きあう教室が生まれるブックコミュニケーション

クラスの子どもたちに，ということになれば，その負担は大変なものです。

　ブックコミュニケーションは，先生が教師という立場に縛られず，人間として，本との思い出や，本をきっかけにふと考えたことや気づいたことを自由に子どもに語るものです。先生自身が子どもたちの胸の奥に向けて届く言葉をもつことが大切であり，先生がそんなやわらかな心で語りかけることで，聴いている子どもたちとの間にいつもとは違う響きあいが生まれます。朝の会やホームルーム，もしくは，ふと生まれたわずかな時間に，本の紹介に終始するわけでも読み聞かせでもなく，かたわらに本を置きながら自由に思いを語る，という実にシンプルな方法です。

　私がその大切さを実感した具体的な例をお話しましょう。

▶小学校5・6年生の教室でのブックコミュニケーション

　視聴覚教室に120人ほどが体育座り。ぎゅうぎゅうづめでお尻を動かすことも難しいような状況。最初は，「このおばちゃん，何話すんや？」といった表情の男子が，あっちにもこっちにも。大阪の小学校でのことです。

　〈私は，大人になるまでに27回も引っ越しをしました。体育が苦手だったうえに給食のお肉が苦手だったために，心の中で「いじわる給食当番」と呼んでいる同級生の男の子に散々いじめられました。その子は私の最大のピンチを一度だけ助けてくれるのですが，残念ながらその後もやっぱりいじわるは続きました。〉子どもたちは，両足を囲む腕に力を入れて真剣に聞いてくれています。〈でも，大人になって再会したその子はびっくりするほど温和な校長先生になっていて，「ぜひ，君の書いた本をぼくの小学校に送ってほしい」と頼まれました。でも私は「いやです」と答えました。〉子どもたちは「なんで？」「仕返しかぁ」などとつぶやきました。

　〈なぜなら私は，登場人物の中の一番いじわるな男の子の名前を……〉ここまで言うと，子どもたちが目を輝かせて「わかったぁ！　○○じゃぁ！」と話の中に出てきたいじわる給食当番の名前を叫びました。もう視聴覚教室は元気な花がいっぱい咲いたように笑い声で充ちています。

　〈というわけで，校長先生になったその子にも読んでもらえるように，

もう一度その頃のことを思い出して『いじわる給食当番三年生』（ポプラ社）を書きました。男の子の名前は変えました。それがこの本です。〉子どもたちは興味津々で，表紙を見つめます。

〈だからね，今もし教室の中で「なんとなくいやだなぁ〜」「苦手だなぁ〜」と思う友達がいたら，その子がいなくなっちゃえばいいと思うんじゃなくて，その「いやだなぁ〜」の気持ちを箱に入れて，フタをして，ひもでぐるぐる縛りして，そのうえ鍵をかけてもいいです。ただね，その鍵だけは，淀川に捨てちゃダメ。鍵は大人になるまで持っておいてね。〉

すると，真ん中あたりにいたヒロくんがぱっと手を挙げ，真剣な顔で「淀川じゃなくて大和川！」と教えてくれました。みんな，うんうんとうなずきながら私を見ています。〈そっか，教えてくれてありがとう。大和川に，鍵だけは捨てちゃだめよ〉と言い直すと，教室がしーん。そこに，子どもたちの無言の了解を感じました。

ところが，それを「一区切りのタイミング」と捉えた司会の先生が「それでは，ここまででトイレ休憩。後半戦は15分後から」とアナウンスしました。すると，窓際に座っていたショウくんが低い声で「これ，戦いじゃないし！」と言いました。隣の子もその隣の子もうなずきました。私が自分の思いを率直に語り，子どもたちがその場所でそのまま受けとめる。この関係に「戦い」は似合わないという違和感をまっすぐ口にしたショウくん，あっぱれです。ショウくんの言葉を受けて，「そのとおりだな」と素直に言葉を返した司会の先生も，さすが。

本を通して語る先生の思いを全身で受けとめ，本に見守られながら自分たちの〈ことばごころ〉をきれいにしていく，このようなやりとりをブックコミュニケーションと呼びたいのです。

▶中学校2年生の教室でのブックコミュニケーション

もう一つの例は中学校でのできごと。「みんな一緒じゃないと不安，ひとつはみ出るのがこわい，そのことに気をつかいすぎているのか，なんとなく教室に活気がないんだ，いい子たちなんだけどね……」と，受け持ち

CHAPTER1 響きあう教室が生まれるブックコミュニケーション

のクラスのことを話された先生は「きっと今日はゲストを迎えるので，とりわけ静かだと思います」と微笑まれました。

教室に入ってまず，絵本『やめて！』（徳間書店）を読みました。一人の小さな男の子が，書き終えた手紙を握りしめてポストに向かいます。まっすぐに前をにらんで道を歩いていきます。途中何が起ころうと，爆撃機が何基も空を飛び交っても，戦車がやってきても，どんな暴力にも屈せずポストへ向かいます。彼が投函したのは大統領に宛てた，たった一言 "NO！" と書いた手紙でした。

戦争反対の強いメッセージ絵本ともとれますが，中学生と一緒に読み進めたその日，私の胸に湧き上がってきた思いは少し別のものでした。

〈聴いてくれてありがとう。特に愛らしい表情もしぐさもなく，堂々と市民の一人として声を上げた男の子の姿に圧倒されるよね。今日私が，みんなと一緒にこの絵本を読みながら考えていたことはね，この子はこの国を，戦火で荒れ放題のこの街を，あきらめてはいないんだな。この国がこの街が大事なんだな，ということ。"NO！" や，「私はそうは思わない」をはっきり伝えることができるのは，受けとめてくれる相手がいるからだよね。同じように私も「そうそう」「わかるわかる」としか言えなくて，心の中をもやっとさせてるだけじゃダメだよっていうためにここに来てみんなに話しているんじゃないんです。もっと友達を信じてみたいっていう気持ちが君たちの心の中にあるから，もやっとするんだ。だから，たまに，そのねじれのない心がしわくちゃにならないように，枯れてしまわないように，光や水をあげてほしい。"NO" は，そういう光や水になる場合もあるんだってこと。言いたいこと，伝わったかな？〉

すると，後ろの方に座っていた男子が，学生服の背中を丸めて，小さく「NO！」とつぶやきました。みんなが，ぎょっとした顔で男子生徒を振り返ると，その男子は両手をぎゅっと握って「な～んてね」と笑いました。ドキリとしていた他の生徒たちもホッとしたように笑いました。

担任の先生が後で，「すみませんでした」としきりに恐縮していましたが，「NO！」と言った男子の心の中には，かすかな賭けがあったように私

5

には感じられました。「じゃあ，あんたの考えにおれが NO！って言ったっていいんだよな？」という私の本気を確かめる言葉であったと。

　この時間の後すぐ，クラスの中で，心の内にあるものを自由に出し合うコミュニケーションが生まれることは期待しませんが，きっと自分たち自身に向けるまなざしに，ささやかな何かが加わったと思えるブックコミュニケーションの時間でした。

■ブックコミュニケーションで大切なこと

　大事なことは，「本を読ませる」ことを目的にして，本の内容を先生が紹介するのではなく，本の力を借りて，教室内のコミュニケーションを豊かにすることをめざすということ。指導する側とされる側という関係でなく，先生と児童生徒がともに響きあう関係をつくる楽しさと自由を，毎日ほんの短い時間でも，味わえる教室であってほしいという願いから，ブックコミュニケーションを考えました。

　上の二つの例は，いつもの教室ではなく，ゲストが訪れた教室でのブックコミュニケーションですから，担任の先生が実践する場合，同じようにはいかないでしょう。でも「子どもたちとつながりあいたい」という最も大切な気持ちの貯蓄は，ゲストである私よりもはるかに大きいわけですから，よりスムーズに行えるはずです。本を介してこそ話せる心の内が，きっとあります。

　ブックトークなど読書活動を長年熱心に続けているベテランの A 先生に，ブックコミュニケーションの考えを話したところ，「情報化，グローバル化の波が押し寄せ，学校現場もてんてこまい。アクティブラーニングに道徳の教科化。プログラミング教育に外国語教育……。授業時数も増え，やるべきことが多すぎて，読書の時間も削られがち。いつも何かに追われているような慌ただしい毎日です。そんな状況だからこそ，本のおもしろさを味方につけて，子どもたちと向き合うことで，子どもたちとの関係に変化が生まれることを願って，ブックコミュニケーションに挑戦してみた

い」とうれしいお返事。「時間を生み出すのは容易ではないけれど，たとえば，図工の時間に絵の具セットを素早く片付けた！　みんなで協力して理科の実験を早く終わらせることができた！，などで生まれたちょっとした隙間時間を私は日頃から読み聞かせの時間にあててきました。子どもたちにとってはちょっとしたご褒美タイム。この時間を確保するために，クラスが一致団結。『早く片付けようよ』と声をかけ合ったり，協力して作業をしたり……子どもたちなりに作戦を練るのです。そういう意味では，ブックコミュニケーションは本を読む前から始まっているのかもしれません。給食を食べた後の5分間もまったりとした素敵な時間。一番リラックスして話が聞ける時です。担任だからこそ，工夫次第で時間を生み出すことができると思います」とのことでした。

　ブックコミュニケーション1回にかける時間は4〜5分。長くても10分程度。朝の会やホームルームでちょっと余裕がある時に，さりげなく行うのもいいし，最近ちょっとクラスに落ち着きがないような気がする……，忙しすぎて児童生徒にじっくり向き合えていないけど，改まって特別な時間を設ける余裕もないなと思った時に行ってもいいでしょう。

■「読みあい」からブックコミュニケーションへ

　0歳から100歳までの方に向けていろんな場所で「読みあい」を続けてきました。「読みあい」は，誰かが誰かと一緒に絵本を読むという点では，読書活動の中心的活動の一つとされてきた「読み聞かせ」と別段変わったところはありません。でも，大切にしたい心の向きが違うのです。「読みあい」は，声を出して物語を伝える側からその声を聴く側へ一方的に提供されるサービスではなく，両者が自分たちの心の中に物語をくぐらせることで，双方向に心の通い合いを行うことをめざします。

　小児病棟に長期で入院する子どもたちと絵本を読みあうことで，誰にも打ち明けられずに溜め込んでいたさまざまな不安やストレス，みんなに取り残されていくような焦り，親きょうだいへの申し訳なさなどの感情を，

絵本のストーリーを借りて，聴き手の子どもがポロリと語りだしたり，その声を絵本のページをめくりながら読み手がさりげなく共有することがあります。認知症が進んだお年寄りと絵本を読みあうことで，私たちが「日常」と思っている世界がお年寄りにとって全く別の意味や悲しみをもつこともあるのだと，絵本を読みあいながらの対話の中でしみじみと教えられることもあります。受刑の身にあって，そばにいることはできないけれどせめてもと，精一杯「見えないわが子と一緒に」絵本を読みあう経験から，自分の中の愛する力に気づき直すこともあります。場所や人を限定しない自由な読みあいがもたらす力に着目し，「読みあい」の考え方を教室内の本を囲む時間に応用したものが，ブックコミュニケーションです。

　先に紹介したA先生は，ブックトーク，読みあいとブックコミュニケーションの違いについて，次のように話されました。

　「私は長い間ブックトークの実践もしてきました。何かテーマを決めて，そのねらいにそって選書し，本の紹介や読み聞かせをするのです。授業として取り組むのですから，シナリオを作り，何をどう話すかもきっちり決めていました。いのちの大切さなど，重いテーマを扱うことも多かったので，毎回子どもたちに伝えたいメッセージが多すぎて，ついつい熱く語っていたように思います。子どもたちの反応を見る余裕もなく，ただ，自分の思いを一方通行で子どもに伝えていました。頑張ってブックトークをしたわりには，子どもの反応はイマイチだったなぁという時もありました。

　自分の中に変化が訪れたのは，『読みあい』を知り，自らも経験してからです。『読みあい』では，絵本を通して『あなた』と『私』が心を通わせます。『読み聞かせ』では，得られなかったコミュニケーションが生まれ，それが本当に心地よかったのです。絵本のもつ新たな力に気づかされた思いでした。『読みあい』は基本ペアで行います。絵本を通して，お互いがかけがえのない存在になれる『読みあい』。クラスのみんなで『読みあい』のような時間をもてたらいいなぁとずっと思っていました。『ブックコミュニケーション』という言葉を聞いた時，『そうだ！　これよ！』と自分の中でカチッとハマった気がしました。これは絶対にやってみる価

値あり！　そう思って取り組みました。」

　A先生の実践報告は，CHAPTER 3 （p.102〜104）に掲載しています。

　また，ブックコミュニケーションの考え方を，折にふれ小中学校の先生，学校司書の方々にお伝えしたところ，ぜひ実践してみたい，忙しい毎日の中でも取り組めそうと好意的な反応がありました。

　小学校教諭になって4年目のB先生は，「ゼミで絵本の読みあいについて学んだので，これまでも，積極的に子どもたちと絵本の出会いをつくろうとは努力してきましたが，そうした自分の教室での活動が，単なる読み聞かせでなく『心の響きあいを重視した読みあい』になりえているのか，自信のない部分もありました。そんな中での新しい手法『ブックコミュニケーション』。絵本を読みあうことに加え，自然なコミュニケーションを取り入れるということで，ちゃんと子どもたちの様子を感じ取れる余裕があるだろうか，不安がありました。これまでの絵本読みの時間は，振り返ってみると読みあいを意識しているとはいえ，やはり読むことに一生懸命になりすぎて，本の世界を楽しんではいたものの，子どもたちの微妙な表情の変化などを大切にしてコミュニケーション空間を育てるところまでは至っていなかったからです」という思いをもち，コミュニケーション空間を意識して，ブックコミュニケーションを実践してくれました。

　B先生の実践もCHAPTER 3 （p.104〜106）で紹介します。

■ブックコミュニケーションにおける
　コミュニケーションとは

　ブックコミュニケーションは，短時間で取り組めるものとして考えているので，CHAPTER 2の提案例には，改まって思いをシェアする時間を確保してはいません。もちろん，その場の状況に即してゆったりシェアする時間が組み込めれば，それに越したことはありません。しかし，たとえ，そういう時間が取れなくても，一方的に先生が語っているだけの時間のように見えても，ブックコミュニケーションの考え方をもって子どもたちの

前に立つだけで，そこには見えない対話があると考えます。30人クラスの30人という束に向けて，先生が言いたいことを言って終わりでなく，30人いれば30通りの「先生はこんなことを今感じてるんだけど，君はどう思う？」という隙間のある投げかけが教室の中を行き交うのです。直接「僕はこう思う」「私はこんなことを考えたよ」という答えが返ってこなくても，行き交う心があることを先生自身も感じ続けることでコミュニケーションは静かに，そして豊かにはぐくまれていくと思うのです。

　実際にブックコミュニケーションを行った後は，紹介した本を子どもたちへのメッセージカード（CHAPTER 2 の中で冒頭に記されているキャッチコピーのような短いものでいいと思います）を添えて教室の片隅に置くのもいいでしょう。子どもの思いを先生や友達に伝えるツールを用意するのもいいですね。学級通信や先生あのねノート，クラスのみんなが自由に書き込めるノートやシートをつくるのもいいかもしれません。工夫してみてください。

■ブックコミュニケーション4つのポイント

　ブックコミュニケーションのポイントを4つ挙げます。こうしなければいけないという縛りでなく，こんなやわらかい向き合い方でいいんだよ，というぐらいに捉えてください。

1．この時間に限っては，先生という立場で考えることを優先しない

　先生が児童生徒と適切な距離を保って学級運営をしていくことは重要なことです。しかし，それは，生身の先生の内側から発せられる言葉を消してしまうことではありません。ぎっしりと「教えるべきこと」が組み込まれた時間の中で，ひととき，先生という立場から放たれてブックコミュニケーションの時間を先生にも楽しんでほしいと思います。

　学校で，子どもたちは「させられる」ことがどうしても多いので，「おもしろい本があるよ，一緒に読んでみようか」というやわらかな誘いの中

CHAPTER1 響きあう教室が生まれるブックコミュニケーション

にも「何が潜んでいるのか。何か先生には言いたいことがあるんじゃない
か」とその誘いの真の目的を敏感に嗅ぎ取ろうとする子どもたちもいます。
「子どもたちにこうなってほしい」というような先生としての教育的意図
は脇に置いて，世界の不思議さや広さ，どうしようもなく溢れてくる気持
ちを，本を通して子どもたちと分かち合うことだけに，この時間を使って
ほしいのです。その「共同の創造」ともいえる時間をもった教室は，それ
以外の時間を必ずや強く支えてくれるはずです。

2．子どもたちに投げかけた言葉は，クラス30人いれば30通りの受けと め方があり，30通りの本への近づき方があることを常に意識する

　CHAPTER 2で提案するブックコミュニケーションは，先生から児童
生徒への投げかけで，ブックコミュニケーションのいわばとっかかりです。
この投げかけを児童生徒一人ひとりがどう受けとめるかはまったく自由で
す。その本読んでみようかなと思う子もいれば，本の話よりも先生の話に
心がいき，そのことについて自分が思ったことを話したいと思う子もい
るでしょう。すぐには何も言わずしばらく考えてみる子もいるでしょうし，
心にひっかからない子もいます。それでいいのです。それが許される時間
が，先生の心が満ちている中で確保されることが大事です。どんな受けと
め方も，そこに良し悪しは，ないのです。コミュニケーションのリアルさ
はまさにその受けとめまるごとにあるのですから。

3．伝えたいことへ一直線に向かうのでなく，視点を広くもってずらして みせる

　ブックコミュニケーションを重ねていくと，授業中の言葉かけとは感覚
が異なり，自分の言葉を聴いている児童生徒一人ひとりの心が，物語世界
の住人として動き，それをかたわらで見つめることが許されると感じら
れるようになってきます。同時に「私」という人間が子どもたちのそば
で「物語の言葉」を届けることを教室全体が認めてくれているという不思
議な安堵感を味わえます。そこで大切になってくるのが「さぁ今がチャン

11

ス」とばかりに，正論や理屈を剛速球で投げないということです。力を入れすぎて夢中で話している途中，「あぁなんだか言葉が児童生徒たちの頭の上を通り過ぎていく」と空すべりしている自分に気づいたことを隠しながら言葉を重ねていって，教室が冷えていく経験は誰にもあるのではないでしょうか。

　では，視点を広くもってずらしてみせるとはどういうことか。児童生徒の「さてはこういうことを言いたいんだな」という推測をはずしてみせることです。児童生徒の推測は，至極まっとうです。「規則を守れ」「思いやりのある人物になれ」「いのちを大切に」「人生の計画と目標をもって生きろ」……，先生が言いたいことは，たいていお見通し。それが今のところ心の奥に響かないだけ。ですから，ずらしてみせるのです。

　たとえばCHAPTER 2小学校編5月の低学年で紹介するのは『はじめてであう すうがくの絵本1』。集合の概念を伝える「なかまはずれ」のクイズを子どもたちと考えていくのですが，いきなり「なかまはずれ」なんてイケナイ言葉を先生が発したら，児童はきっとびっくりしますね。でも，集合の考え方で用いられる「なかまはずれ」は，だめ，きらい，いじわる，などとは無関係。「はずれ」は，別の特質をもっているということなのです。同質であることにとらわれずに胸を張って違いを生きる道もあることを，児童にとってはあこがれの（算数ではなく）「すうがく」の世界でちらっと見せること。そして見せるにとどめて力説しないことがブックコミュニケーションのおもしろいところです。

4．自分の結論まで引っぱっていかない

　「だから君たちには，こうあってほしい」「○○ということが一番大切なのではないでしょうか？」など，先生が考えた結論までを熱を込めて言いすぎると，「はいわかりました」としか子どもの心が動かなくなってしまう危険性があります。「先生はこう思う」がいつのまにか「みんなもそうだと思ってください」にならないように，「本当にそうかなぁ～，そうとも言えない場合もあるかもしれないなぁ～」と先生の葛藤を隠さず見せる

CHAPTER1　響きあう教室が生まれるブックコミュニケーション

ことで，児童生徒は同じ地平に立ち自分の頭で考え始めるのです。それこそが，コミュニケーションの一歩です。

■本書の活用の仕方

　CHAPTER 2 小学校編は，月ごとに低学年・中学年・高学年に向けて，それぞれのブックコミュニケーション例を示しています。これは，あくまで参考で，同じ本を自在に，低学年向きを高学年向きに，高学年向きを低学年向きに，という風にアレンジして実践することができます。中学校編では，1 年間のクラスの歩みをイメージして，学年にとらわれず，月ごとに 1 冊の本をとりあげ，それを仲立ちとしたブックコミュニケーション例を紹介しています。中学生は，人間関係に悩み，自分を意識する時期です。そこで，人間関係を 1 年間の大きなテーマにすえて，本を選び，展開しています。

　小学生から中学生へと成長していくにつれて，先生との距離の取り方は異なってきます。小学校編では毎回先生と子どもたちが「新しい今日の出会い」をつくる楽しさを重視し，そのためにハッとするようなものの見方を提供しています。へぇ〜先生もこんなことを考えるんだ，と親や親戚，地域の人以外に接する「大人」との信頼関係を紡ぐこともこの時期大切だと思うからです。中学校編では，さまざまな本との出会い方を見せていく中で，「先生と生徒」の絆を教室の中で紡いでいくことに重点を置いています。先生に対する信頼感だけでなく，教室の中で学びあう友への信頼や，自分自身の教室の中での居場所を確認する力にもつながっていくでしょう。それぞれの先生が，今本当に必要な子どもたちとの距離の取り方を顧みて，小学校編のような月ごとに趣の異なるブックコミュニケーションの形を中学校で取り入れてもいいし，小学校でも中学校編のような連続した意図をもってブックコミュニケーションを試みてもよいです。

　まずは，CHAPTER 2 のブックコミュニケーションの例をそのまま，声に出して読んでみてください。自分の声で読むと，この語り口はちょっと

違和感があるな，自分ならもっとこういう風に話をもっていきたいなという思いが湧き上がってくるはずです。書かれている言葉とは異なる感覚をもてるということも，子どもたち一人ひとりのかけがえのない先生である証拠です。生身の人と人として出会っている教室の時間を豊かにするためのたたき台として，CHAPTER 2を活用ください。

　CHAPTER 3では，ブックコミュニケーションを実践した先生方の報告を紹介しています。それぞれの持ち味を生かした実践で，CHAPTER 2とは一味違うリアル感があります。ブックコミュニケーションは，あくまで考え方ですので，先生方が自由に展開するものです。オリジナルを考えてもよし，CHAPTER 2のスタンダードをそのまま実践してみるのもよし，取り組みやすい方法で，まずは一度実践してみてください。

文献

デイビッド・マクフェイル（作・絵）柳田邦男（訳）『やめて！』徳間書店，
　2009

村中李衣『読書療法から読みあいへ──「場」としての絵本』教育出版，1998

村中李衣『子どもと絵本を読みあう』ぶどう社，2002

村中李衣『絵本の読みあいからみえてくるもの』ぶどう社，2005

村中李衣（編著）『感じあう　伝えあう　ワークで学ぶ児童文化』金子書房，
　2015

村中李衣『保育をゆたかに　絵本でコミュニケーション』かもがわ出版，2018

日本児童文学者協会（編著）『いじわる給食当番三年生──友だちにいいたいこ
　と』学年別子どもの言い分（11），ポプラ社，1984

佐々木宏子『絵本は赤ちゃんから──母子の読み合いがひらく世界』新曜社，
　2006

横山真佐子ほか（編）『人生ではじめて出会う絵本100──あかちゃんのための
　50冊　おとなのための50冊』（別冊太陽─日本のこころ）平凡社，2002

CHAPTER 2

さあ，
ブックコミュニケーションの時間です

小学校編

4月 いのち

　新しい学年，新しい教室，新しい先生，そして，新しい友達。
　1年間，みんな一緒に仲良く過ごせるか，子どもたちも先生もドキドキの4月にちょっと考えてみたい。「一緒に過ごす」って，どういうことだろう。近くにいることや，同じものを見たり食べたりすることだけが「一緒」じゃない。いのちといのちが向かい合い，深くつながる学級づくりのために，さぁ，ぴかぴかの気持ちでもって，ブックコミュニケーションの時間を始めましょう。

● いのちのつながり　　　　　　　　　　　　　　　　　低

『おじいちゃんのおじいちゃんの
　おじいちゃんのおじいちゃん』

長谷川義史　作
ＢＬ出版（2000）

　はい，皆さんに質問です。この中で，おじいちゃんのいる人，手を挙げて。（子どもたちの手を挙げる様子，表情をよく感じてください。）
　あれ？　○○くんはおじいちゃん，いないの？　おじいちゃんがいないのに，○○くんは生まれてきたのかな？（なんだそういうこと？　生きてるってことかと思った，など子どもたちから声が上がるでしょう。）
　あのね，今は天国にいて会えなくても，みんなおじいちゃんはいます。おばあちゃんもいます。じゃあ，おじいちゃんのおじいちゃんがいる人？おじいちゃんのおじいちゃんのおじいちゃんのおじいちゃんがいる人？

CHAPTER2　さあ，ブックコミュニケーションの時間です

小学校編

（全員が手を挙げるのを待ってから）そうです，この世に君たちが生まれ
たってことは，みんな，おじいちゃんも，おじいちゃんのおじいちゃん
も，おじいちゃんのおじいちゃんのおじいちゃんも，誰一人，「いち抜〜
けた」っていう人がいなかったってことなんだよね。そう考えたらすごい
ことだね。

　でも，よく考えたらもっと大事なことがある。君たちが生まれるまでは
ずっとずっとおじいちゃんのおじいちゃんのおじいちゃんのおじいちゃん
……と，切れないつながりがあるのだけど，それは今あなたがいるところ
までの話。この教室にいる皆さんが，いつかおじいちゃんやおばあちゃん
の仲間入りするのか，仲間入りしないかは，まったくわからない。今あな
たたちが生きているってことは，つまりはそういう場所に立っていること
なのです。（そして，絵本を読み始めましょう！）

いのちの内・外

　　近頃は，自分のいのちを消してしまう子どもたちや，他者のいの
　ちを粗末にする子どもたちが少なくないからと，絵本を使って「い
　のちのつながり」を強調する授業が準備されることも多い。でも，
　いまいち，うちのクラスの子たちには届いていないのでは，と思う
　なら「いのちのつながり」を観念的に伝えるよりも，子どもにわか
　る形で生物学的根拠を明らかにしてはどうでしょう。そして，過去
　のいのちと未来のいのちの結び目に自分が立っていることに気づい
　てもらうことも大事なのでは。

　　もちろん，大らかな愛をもって。

17

● いのちの場所

『アフリカの音』

沢田としき　作・絵
講談社（1996）

　いよいよ皆さんと一緒に過ごす1年間がスタートしました。
　先生は，これからときどき，おもしろい本を見つけたら紹介していこうと思っているのですが，さて，一番はじめの本は何にしようかと，実は昨日の夜，ずっと悩んでいました。
　あの本もいいな，この本もいいなと机の上に並べて迷っているうちに，ついうとうと眠ってしまいました。するとどこからか，遠い遠い声がする。なんだろう，人間の声じゃない。乾いた風のような，動物のひづめのような，いやいや，大きな大きな木が枝を打ち鳴らすような。

　グン　ゴド　パ　グン　ゴド　パ　グン　ゴド　パ　グン　ゴド　パ

　「おいでよ，さぁここへおいでよ，みんないるよ」とでもいうようなあたたかい空気に包まれてハッと目が覚めた。机の上に置いて眠ってしまった『アフリカの音』という絵本。これです。聴こえていたのは，この絵本の中の，くり貫いた木に一頭分のヤギの皮をはって作ったジンベという太鼓の音でした。「ヤギは死んで　皮をのこし　音になって　また生きる」と書いてあります。いのちが，音になる。太鼓にはウシやヒツジやトカゲやウマやイヌなどいろんな動物の皮が使われているけれど，太鼓を叩くたびに彼らのいのちが音になるんだね。
　先生は，これから1年間，みんなと一緒に，いろんないのちの音に耳を

CHAPTER2 さあ、ブックコミュニケーションの時間です

すませていきたいと思っています。そして、その楽しさやうれしさを、歌を歌うように伝え合って過ごしましょう。どうぞよろしくお願いします。

どこかは、ここにつながる道

足元の不確かな時代、民族の生きる証のような魂のこもったリズムやメロディーに心揺さぶられるのは、自然なことかもしれません。でも、知らない国の知らない楽器が奏でる音楽に「あこがれ」とも違う郷愁を感じるのは、なぜでしょう。

絵本を通して遠い国の人たちが、太鼓を叩き、踊り、精霊たちを呼び寄せ交歓し合う姿に触れながら、「ここ」を生きるかけがえのなさを教室という場で友達同士感じ合ってもらいたいと思います。

● ここから一緒に歩いていこう

『犬のハナコのおいしゃさん』

今西乃子　文
浜田一男　写真
WAVE出版（2013）

家で犬を飼っている人にも飼っていない人にも、聞いてみたいことがあります。皆さんは、犬とお話をしたことがありますか？　犬はどんな言葉をしゃべりますか？

え？　犬は、言葉はしゃべらない？　そうか、その代わりに、わんわん　きゃんきゃん　ばうわう　うーわんっ、って鳴くんだね。では、その鳴き声はどんなことを皆さんに伝えていますか？

痛いよ。お腹がすいた。外に出して。お帰りなさい。ずっと待っていたんだよ。一緒に遊ぼう……いろいろあるね。犬に限らず動物と話ができるのは，こんな「心の声」をきちんと聴くことができる人です。

今日紹介するのは，動物たちの「苦しいよ」「助けて」という心の声をしっかり聴いて，1匹1匹が幸せな一生を過ごせるように毎日努力しているヒロシ先生というお医者さんの絵本です。

交通事故で後ろ足の自由を失ったハナコは，飼い主に捨てられますが，ヒロシ先生に車いすをもらい，元気に走り回れるようになりました。そして，助けてもらったいのちを「献血」という形で，病院に運ばれてくる他の犬たちと分け合っているのです。

ハナコには，「ハナコ，頼んだよ」というヒロシ先生の言葉がわかり，ヒロシ先生には，ハナコが送るまばたきと目の合図で，「先生，わかったよ」という言葉が聞こえるそうです。自分とは違ういのちを大切にするためには，相手がどんな気持ちでいるのか「心の声」をしっかり聴いて，やさしい気持ちで接すること。そして，楽しい時だけでなくつらい時も最後まで一緒にいてあげること。先生も，みんなと一緒に，この二つを大事にして素敵なクラスをつくっていきたいと思います。

誰もが幸せに近づくために

ペットという言葉に見え隠れする人間のエゴが，病気になった動物，年老いてきた動物との向き合い方となってはっきりと表れてくることを，この絵本は静かに包み隠さず伝えています。

学級づくり，友達づくりをする前に，自分とは別のいのちと出会うことの喜びと責任のありようを，こんな形で学んでみるのもよいのではないでしょうか。

CHAPTER2 さあ，ブックコミュニケーションの時間です

ともだち

小学校編

　子どもも先生もいっぱいエネルギーを使った4月を越えて，いよいよ5月。新しいクラスになって以来，クラスのみんな仲良くと頑張ってきたけれど，そろそろもっとちゃんと出会いたい。深く出会いたい。そんなことをこっそり願っている私に少しの勇気を！　と，見えない誰かに向けて語りかけている子どもたちの，震えるような心に寄り添えるよう，さぁ，ブックコミュニケーションの時間です。

● ちゃんと出会う

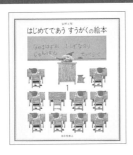

『はじめてであう すうがくの絵本1』

安野光雅　作
福音館書店（1982）

　皆さん，この本をよく見て。「すうがくの絵本」って書いてありますね。す・う・が・く，なんて，ちょっと大人に近づく気分でしょ？
　じゃあ，読んでみるからね。（と言いながら，絵本を読み始めます。）
「あひるが　たくさんいます。
　したのほうで　さみしそうにしている　あひるが　なかまはずれでしょうか。　もう　わかりましたね。　そう，なかまはずれは　きつねです。」
　おや，すみっこでしょんぼりして，みんなと離れた場所にいるあひるは，ここでは「なかまはずれ」じゃなくて，あひるたちとまざって遊んでいるきつねが「なかまはずれ」なんだって。どうしてだろうね？

ここでいう仲間とは「同じあひるという生き物」のことを指すからだね。でも，次のページになると，ほら。（と言って，次の場面の絵を見せる。）今度は，あひるもきつねも「動物というなかま」の中にいて，赤い大きなケシの花が「なかまはずれ」になってるよ。すうがくの世界の「なかま」の意味は，その集まりの中で同じ特徴や性質をもっている，ということなんだ。そして，集まりが変われば，「なかま」の特徴や性質も変わってくる。一つに決まっていないんだね。ということは，「なにがなんでもなかまでなくてはいけない」と無理したり「なかまに入れない」ことで落ち込まなくたっていいんだね。もう一度，この絵をよく見て。さっきも言ったけど，きつねもあひるたちと一緒の輪の中で踊ってるし，「なかま」だって，一人でいたいあひるは輪の外で，虫やなんかを土をつついて探している。だからね，「はずれ」って言われても，「あ，そう」って胸張っていばっていましょう。明日になれば，「はずれ」は，「あたり」に変わるかも。すうがくの世界に，いじわるはありません。

心の切り返しを身につける

　作者安野光雅氏は「本当の数学は，発見の喜びをいたるところにちりばめながら，歴史はじまって以来，いまも創りつづけられつつある思考の大建築」だと言っています。

　知ることやものの考え方を，日頃とは違った角度から見せてくれる「すうがくの絵本」を，とかく情緒的に語られがちな「なかまづくり」構築のための，新建材として用いてみるのも時にはよいのでは？

CHAPTER2　さあ，ブックコミュニケーションの時間です

● ちっぽけだからこそ

小学校編

『ラチとらいおん』

マレーク・ベロニカ　文・絵
とくながやすもと　訳
福音館書店（1965）

　昨日友達からこの絵本が届きました。さっそく読んでみると，飛行士になりたいのに，世界中で一番弱虫な男の子ラチが，小さな赤いらいおんとめぐり会い，そのらいおんの応援のおかげでいつのまにか，一人でもちゃんとやっていけるようになるお話でした。最後の方のページに，ラチよりもっと弱虫の子どもを応援するため去って行ったらいおんが，きっとどこかで「ラチを　じまんに　おもっていることでしょう。」って書いてありました。ドキッとしました。先生は子どもの頃，ラチみたいに弱虫の泣き虫だったけど，先生の友達も，赤いらいおんみたいにずっと信じてくれていたのかもしれない。先生は飛行士じゃなくて，「みんなの先生」になりたかったんだ。ちゃんと夢を叶えたから，もしかしたらどこかで自慢に思ってくれているのかもね。

ちっぽけな自分のかたわらに

　ラチじゃなかった子どもはいない。小さな赤いらいおんに出会えない子どももいない。

　少年期には，等身大の自分を認められずに卑屈になったり，劣等感にさいなまれたりして「世界中で一番の弱虫」って自分のことだ，と思ってしまうのは普通のこと。そんな時，そばにいてくれることで呼吸がちょっと楽になるような誰かに出会えることがどんなに大切か。ありのままの自分に「いいぞ，その調子！」って声をかけて

> くれる誰かとの出会いを可能にするのは君が君だからこそだよ，と気づかせてあげたいものです。
> 　ちっぽけな自分に見合う，ちっぽけだけどかけがえのない誰かは，きっといる。強くなるための勇気でなく，そう信じられる勇気を与えてくれる出会いを，本やいろんな体験の中で重ねてほしい。

● あなたは誰？　わたしは誰？

『かないくん』

谷川俊太郎　作
松本大洋　絵
東京糸井重里事務所（2014）

　今日は，皆さんと少し静かに話をしたいと思っています。
　これまで，つらい別れを経験したことが一度もない，ずっと笑ってばかりで，楽しいことしかなかったという人，いますか？
　大好きなおじいちゃんやおばあちゃんが死んでしまったり，大事に飼っていた犬や猫や金魚や亀が死んでしまったり，親友が転校してしまったり，お気に入りのボールペンを失くしてしまったり，長年使っていた目覚まし時計が急に鳴らなくなったり……思い出すと，悲しいことだらけ。その中でも，先生にとっては，お母さんが突然，クモ膜下出血という病気で亡くなってしまったことが一番つらい思い出です。「ありがとう」も「ごめんね」も言えなくて突然やってきたお別れだったからね。
　別れはどこからでもやってくるよね。そして，その別れが「もう二度と会えない」別れだった時には，誰にどう慰められても，簡単には悲しみか

CHAPTER2　さあ，ブックコミュニケーションの時間です

ら抜け出せない。今まで「いる」ってことがあたりまえだったから，「いない」ってことをどう受けとめていいかわからなくなるんだ。

　この絵本に出てくる主人公もね，隣の席の〈かないくん〉が病気で死んでしまったことを，ある日突然先生から告げられます。ショックだよね。主人公は，「しぬって，ただここにいなくなるだけのこと？」と，見つからない答えを探し続けます。でも誰もその答えを教えてくれない。そうだよね……先生だって，みんなに尋ねられても答えられない。先生自身がまだよくわからないんだもの。

　この絵本の中でその答えを見つけたのは，あなたたちと同じくらいの年齢の少女です。なぜその少女には答えが見つかったのか。その答えが誰にとっても正しい答えなのか，先生は皆さんと一緒に，このクラスの一員でいる間，考え続けていきたい。そのためにもしよかったら，時間のある時に，ちょっと読んでみて考えたことをそっと教えてもらいたいな。

別れることで，消えない何かが自分の内側に入ってくる

　死も含め，別れとは，ゼロになることではありません。遠くに行ってしまうということは，遠く遠くその果てにやがて自分の内側にめぐり戻ってくることだと，改めて気づかされます。人間は死よりも遠くへは行かない。その後は，ゆっくりゆっくり，こちら側の胸の中に近づいてくる。悲しみの時間を生きる中で教わったことです。

　怖くても別れをおそれてはいけない。この絵本の中で，祖父の問いを引き受けた勇敢な少女のように。そして，その覚悟ができた時，ただの友達が本当の友達へ，ただの知りあいが，本当の知りあいへと変わっていくのではないでしょうか。

おもいやり

そろそろ学級づくりの目標を、一つ上の段階にもっていきたい。4月から今日まで、子どもたちはそれなりに悩んだり気をつかったりしながら、友達関係を築いてきたはず。でも、100パーセントそれがうまくいった子どもは、そうたくさんいない。そのうまくいかなさを投げ出さずに、やっぱりこの学級で進んでいくことの大切さを伝えたいと願っている先生。難しい目標だけど、一緒に考えてくれる子どもたちだと信じて、今の時期だからこその思いやりに満ちたブックコミュニケーションを始めてみましょう。

● 悲しみから逃げない

『おにいちゃんが いるからね』

ウルフ・ニルソン　文
エヴァ・エリクソン　絵
ひしきあきらこ　訳
徳間書店（2011）

　もしもだよ、いつもと同じように学校から家に戻ってみると、鍵がかかっていて、いるはずのお父さんもお母さんもいなくて、小さな弟と二人ぼっちになってしまったら、あなたは、まず、何をしますか？
　このお話の主人公は、まだ小学校にも行っていない小さな男の子です。弟と二人ぼっちになった彼が、真っ先にしたことは、弟を抱きしめること。そして、真っ先に弟に告げた言葉は「だいじょうぶ。おにいちゃんが、いるからね。おうちにかえって、いつもとおんなじことをしよう」。

CHAPTER2　さあ，ブックコミュニケーションの時間です

でも，玄関には鍵がかかっていて，家に入れない。そこで男の子がした
ことは，なんだと思う？　びっくりお家づくりでした！

彼が泣くのを我慢してどこまでも頑張れたのはどうしてなのかなぁ。
（と言って読み始める。）

どうだった？　弟を守って一緒に過ごした時間は，悲しいけど，いやな
時間じゃなかったんだね。教室のみんなもうんと悲しいことがあったら，
「いやだー」と追っ払わずに，「ようし，まかしとけ」って，悲しみまるご
とと友達になってみようか。

悲しみとともに，日常を創っていく

わずか5歳くらいの子どもが，喪失の悲しみの中で真っ先に考え
たのが「いつもとおんなじことをしよう」だったことに，深く胸を
打たれます。

突然，大事なものすべてを失くしてしまったと思い込んでしまっ
た少年に，たった一つだけ残っていた「日常」とは，「自分が守っ
てやらなければいけない弟がかたわらにいる」ことでした。日常は，
何もせずにいつもそこにあるものではない，見えていないありとあ
らゆる愛する力とつながりで支えられているのだと，子どもたちに
も伝えることができるはず。

小学校編

● あなたの中の「一つずつ」

『ひとりひとりのやさしさ』

ジャクリーン・ウッドソン　文
E.B.ルイス　絵
さくまゆみこ　訳
ＢＬ出版（2013）

　クラスに転校生がやってくるらしいって情報が流れると，みんなドキドキするよね。どんな子かな？　仲良くなれるかな？　って。
　この本に登場する女の子クローイも同じような気持ちだったんだけど，校長先生に連れられて教室にやってきたのは，古くてみすぼらしい洋服を着て，ひもが片方切れたままのへんてこな靴を履いている女の子でした。クローイは，がっかりして，転校生を完全無視。何週間も，彼女の誘いに何一つ答えませんでした。そのことをクローイは後に激しく後悔することになります。どんな後悔だったのかは，この絵本をじっくり見てくれたら，きっとわかります。
　なぁんだ，いじめはいけないよってお話か……と簡単に決めつけないでほしいのです。先生だって，君たちだって，いつもそんなに上手に誰にもやさしくはできないよね。「あぁ，あの子にあんなことするんじゃなかった」ってこと，あるよね。大事なのは，そのやさしくできなかったことをなかったことにしないで，覚えておくことなんじゃないかな。
　実際に自分で絵本の頁を開いてほしいので，ここで見せるのはやめますが，ランドセルを背負ったまま，一人池の前に立つクローイの姿を自分の目と心で感じてくれるとうれしいな。

一人ずつでなく，今この瞬間一つずつのやさしさ

　　この絵本の舞台は，マイノリティの子どもたちが多く通う学校の

ようです。このストーリーの中で排除されるのは転校生だけですが，実は彼女を受け入れなかったクローイを含む他の子どもたちも，世の中から排除される痛みをどこかで経験しているはずです。

　その時その瞬間に用いられるやさしさは，その時だけにしか用いることはできない。取り返しはつかない。だからこそ，次のチャンスには，勇気を出して，その時にふさわしいやさしさをもってほしいというアフリカ系アメリカ人の作者がもつ強い意思と願いを引き受けるかのように，画家も子どもたちの内面の複雑さと葛藤を克明に描き出しています。

● 見通す力・見通そうとする力

『増補改訂版 最新 世界情勢地図』

パスカル・ボニファス／
ユベール・ヴェドリーヌ　著
佐藤絵里　訳
ディスカヴァー・トゥエンティワン（2016）

　いきなりですが，皆さん，世界地図を頭に思い浮かべてください。（少し間をおいて）さあ，今，どんな地図を思い浮かべましたか？

　皆さんが世界地図を開くのは，社会科の時間に「○○っていう国はどこにあるのかな？」「○○山脈はどこにあるのかな？」「○○川はどこにあるのかな？」というようなことを聞かれて，場所を探すのが目的のことがほとんどですよね。

　でも，そうした地形を見せてくれるのだけが，地図の役目ではないんです。たとえば，日本から見た世界ってどんなものなのか，仲良くしたいと

考えている国がどことどこにあって，政策が一致している国がどこにあって，危険だと考えて警戒している国がどこにあって，領土問題で揺れている場所がどこにあるのか，などを見せてくれる地図もあるんです。ドイツから見た世界ってどんなものか，中国から見た世界ってどんなものかを示した世界地図はどれも全部違うだろうってことは，想像がつくね。この本は，そうしたいろんな世界の見方を一つずつ丁寧に示そうとしているものなんだ。

　だから，この本には，同じ世界を表す地図が１枚だけではなく何枚も何枚も載っている。（頁をめくりながら）ベルギーから見た世界／トルコから見た世界／ロシアから見た世界／日本から見た世界／韓国から見た世界／インドネシアから見た世界／アラブ世界から見た世界／マグレブから見た世界／イランから見た世界／アフリカ諸国から見た世界……っていう風にね。どの地図にも，今私たちがこの世界に生きていることはどういうことなのか，まったく別の角度から語りかけてくれます。

　80枚の地図を１枚ずつながめ，そこから聞こえてくる「今の世界の声」を聞き取り，これから自分は，どんな世界地図を描いていく一員になるんだろうか，そんなことに思いをはせてくれたら，うれしいなぁ。

世界観はどうやってつくられるのか？

　細かい地図の分析や，地図に記載されている，一つ一つの項目（相互依存関係とか戦略的関係）が理解できなくても，頁をぱらぱらとめくり，「世界地図って一通りじゃないんだなぁ。住んでいる国が違うとどうして世界の見方が変わってくるのかなぁ」と子どもたちが感じてくれれば，大成功じゃないでしょうか。

　視点の異なる複数の世界地図を重ねてみたら，なんて多様で複雑な声がそこから聞こえてくることでしょう。今回のブックコミュニケーションをきっかけに，国際社会で生きていくという言葉が，なんだかカッコいい響きだけに終わらない，本当の意味で思いやりのある教室をぜひつくってもらいたいものです。

30

CHAPTER2 さあ，ブックコミュニケーションの時間です

はっけん

　ふと校舎の周りを見渡してみると，樹も草も虫も動物も，暑い夏にぐんぐん成長する力を，今まさに蓄えんとしているようなムズムズ感がありますね。

　それはそのまま，クラスの子どもたちの姿にも重なります。子どもたち一人ひとりが，夏休みに入っても，自分らしい芽を伸ばし育ってくれることを願いながら，さぁ，ブックコミュニケーションの時間です。

● 心がしゅんとした日には

『あっぱれ！　てるてる王子』

コマヤスカン　作
講談社（2009）

今朝，空を見上げた人？
空の上に何か見えましたか？
　え，空だけ？　雲は，ありましたか？　他に何か見えなかった？
　実はね，先生も知らなかったんだけれど，空の上では太陽電池で動く〈あっぱれ号〉がゆっくり遊覧しているんですって。（ここで絵本の表紙を見せる。）あっぱれ号には，〈てるてる王子〉とその家来たちが乗っていて，地上のてるてるぼうずを100個見つけたら，何が何でも晴れにしなくちゃならない決まりがあるそうです。てるてる王子が命じれば，〈きんとう

ん〉や〈わたわたぐも〉なんていうかっこいい乗り物が次々に繰り出します。でも、〈たいふうでんか〉は、そんな王子の振る舞いが気に入らずに、決戦を挑みます。たいふうでんかのパワーがまたすごい。なにしろ、世界中の台風勢力を支配しているのですから。この空の上の戦いの模様、さてさて、どんなあっぱれな結果が待っているのかな。

空の世界って、科学的で、人間くさい

　空は、昔から人間の感傷と叙情を集めるものでありながら、一方で日常生活を大きく左右する非常に複雑なシステムを有しています。
　この絵本は、子どもたちの好奇心に沿うように、その両方の要素をうまく満たしています。読み終えると「あぁ、見えない空の上でも、いろんな駆け引きがあるんだなぁ」と妙にしみじみして、そのうち、あっぱれな気分になってくる。そしてこの気分を出発点に、自由な発想の芽が育っていくことを願います。

● 科学という考え方　

『小学館の図鑑NEO 本物の大きさ絵本　原寸大昆虫館』

小池啓一　監修
横塚眞己人　写真
小学館（2010）

　夏が来たねえ。お休みになったらいろんな虫を捕まえたいと考えている人、いるんじゃないかな？　実はね、「頑張って虫を見つける」なんて言うけれど、よーく目を凝らせば、私たちの周りは、昆虫でいっぱいなんだ

CHAPTER2　さあ，ブックコミュニケーションの時間です

よ。何しろ今地球上に住んでいる生き物の種類はおよそ160万種類。その
うち，100万種類が昆虫だっていわれてるんだからね。（と言いながら16
〜17頁を開き，子どもたちから少し遠めに掲げる。）

「はい，これは何でしょう？」（子どもたちの発言を聞きながら，だん
だん写真を近づけていく。）なんと，大きな塊のように見えていたものは，
東南アジアに棲むオオミツバチのしましまのお尻の集まりでした。今巣に
帰ってきたところのようだね。1匹ずつの体の中には，巣の中にいる赤ち
ゃんミツバチにあげるミツや花粉がいっぱい。赤ちゃんを育てるための一
生懸命な仕事が，実は巣をつくらせてもらっている樹に咲く花の受粉にも
役立っているんだ。小さな1匹ずつの力が集まることは，もっと小さない
のちにも，もっと大きないのちにも，ちゃんとつながっているんだね。

科学の本に隠された「自由」にふれる

　　よい科学の本に出会う喜びは，決められていたり，わかりきって
いる事象の正確な説明を受けることにあるのでなく，不思議から逃
げないことによって，一人ひとりの心の内に広がる「自由」を味わ
うことにあるのです。科学という営みは，世界について知りたいと
いう人間の好奇心に基づいています。

　　この本を読み進めていくと，科学という考えがなぜ出てくるのか，
その考え方はどんな思考の枠から生まれてきたのか，やわらかく子
ども自身の生きる力によって思いをはせるようになります。それは，
とてもわくわくする人間らしい営みでもあります。

● 知らなさを知るということ

『絵解き図鑑　こんなふうに作られる！
──身のまわり69品のできるまで』

ビル・スレイヴィン　作
福本友美子　訳
玉川大学出版部（2007）

　ねぇ，皆さん。自分の身のまわりにあるもので，どうやってできているのかを知りたいなぁと思っているものを69個，考えてみてください。（実際に挙げてもらい，根気よく，10個くらいものの名前が挙がるまで待てるといいですね。）

　知っているものを挙げるのも難しいけれど，知らないものを挙げるのも，けっこう大変だね。じゃあ，チューインガムは，どうやって作られているんだろう？　プラスチックの恐竜は？　サッカーボールは？　鉛筆は？　鏡は？　消しゴムは？　せっけんは？　ハミガキは？　何でできているのかはわかっても，どうやってできるのかは，先生だってよくわかっていませんでした，この本を見るまではね。

　この本を読んでいくと，ものづくりの謎が解けるだけじゃなくて，こういうこと全部，最初に考えついたのは，機械じゃなくて，人間なんだってことが，なんだかうれしくなってくるよ。さぁ，69個のなるほど！　に出会ってごらん。

人間の創り出す力はすごい

　この絵解き図鑑の中では，ものづくりの現場で働いている人を小人に見立て，「もの」に読者の注目が集まるように工夫されています。でも，一つ一つのものづくり工程に見入っていくうちに，そうしたおもしろさだけでなく，ふと，自然の中からものを創り出す人

間の可能性，創造の前にある「生きることの情念」のようなものに心が震えてきます。描かれていない「人間の根源の力」に出会うことこそが，「知る」の原点かもしれません。漠然とした興味関心に包まれて日々を過ごしている子どもたちにとって，何をどう知りたいのかを整理するきっかけになるような気がします。

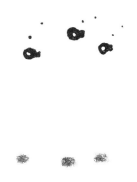

いきもの

　夏休み，にぎやかな子どもたちの声が少し遠ざかっていますが，やってくる二学期に備え，新しい気分で仕切り直ししなくちゃ!!と意気込み半分，夏の暑さにへたれ気分半分。そんな先生のための，さわやかな季節に向けたブックコミュニケーションの準備時間です。登校日にでもご活用あれ。

● 教室で深い息をしよう

『もりへぞろぞろ』

村田喜代子　作
近藤薫美子　絵
偕成社（2012）

　夏休みの間，家の人に「朝は，早起きして，しゃんとラジオ体操でもするもんだ！」なんて叱られ続けた人，いませんか？
　ところで，体操や運動の最後って，必ず「深呼吸」があるよね。あれは，はーい，これでおしまいです，のサイン？　それとも，いきなり体を動かすのを止めないようにするため？　どっちも，違います。実は深い息をすることは，新しくて強いエネルギーを身体の中に入れることなんです。
　その強いエネルギーを，息をする人にいっぱい届けてくれるのが「森」。森の中を散歩するとなんだか気持ちがいいのは，そのせいなんだね。
　え～，でも「森のエネルギー」なんて見えないよって思ってる？　そのエネルギーがちゃんと見えてくるのが，この絵本です。

CHAPTER2　さあ，ブックコミュニケーションの時間です

小学校編

　病気になったイノシシを，なんとか助けたいと考えた動物たちが，みんなで「かみさまのもり」へ出かけます。今まで誰も行ったことがない深い森の奥で，動物たちは木の精霊たちに出会います。さぁ動物たちはどんな贈り物をもらうのか，ゆっくり絵を見て感じてください。

　風邪ひいてないから，あたし元気！　怪我してないから，ぼくも元気！と思っている皆さん，この絵本の動物たちみたいに森へ出かけて深呼吸したら，森があなたたちの身体がほしがっているものに気づいてくれて，こっそりそれをプレゼントしてくれるかもしれませんよ。

絵本の森から学校という学びの森へ

　　小学校で，水道水，ペットボトルの軟水・硬水をとりまぜて，どれがどれか，味の違いを見つける実験をしたことがあります。結果，ほとんどの子が水道水だけは，「他の水となんか違う」と気づいたけれど，それ以外のミネラルウォーターは「どれも同じ。味がしない」と言っていました。

　　子どもの味覚は，鈍感になってきているのかもしれませんね。

　　言葉だけで清々しい気分にさせてくれる「森の○○」などと商標名のついたペットボトルの水は，この絵本に出てくる森の湧水とは，ほど遠いし，CMで飛び散る水のさわやかさも，どこか疑わしい。

　　だからこそ，子どもたちに，絵本の中で動物たちがひとすくいの生命の水を口にした，あの表情，あの深い呼吸を味わってもらいたい。

　　そして，学期のはじめに，身体に元気を響かせる体験を，つなげていきたいものですね。

● 世界の広さを知ろう

『チリメンモンスターをさがせ！』

きしわだ自然資料館／
きしわだ自然友の会／
日下部敬之　監修
偕成社（2009）

　今年の夏は特別に暑いね。
　先生は食欲も体力もすっかり落ちちゃって，白いごはんの上に，チリメンジャコと，すりおろした大根をのっけて，その上からおしょう油をかけて食べる，というのをしょっちゅうやっています。あつあつのごはんにチリメンジャコの塩味がたまらなく美味しいんだよなぁ。
　あれ？　チリメンジャコを知らない？
　何？　シラスなら，知ってるけど，どう違ってるかって？
　カタクチイワシや，マイワシや，イカなどの稚魚のことを「シラス」といいます。シラスを熱湯でゆでて乾かしたものがチリメンジャコです。そして，シラスが水揚げされた時に一緒に混ざってきた，いろんな海の生き物のことをチリメンモンスター，略してチリモンとこの本では呼んでいます。チリモンにはいろんな種類があって，小さいその姿は愛嬌があったり，複雑だったり，カッコよかったり，あなどれません。
　この絵本には，チリメンジャコの中から，そんなチリモンを見つけ出すさまざまな指令が載っています。虫眼鏡片手に，まずは本の中のチリモン探しにチャレンジしてみること，次に，自分の家の食卓で，新種のチリモン探しにチャレンジしてみるといいよ。海の秘密にぐぐぐっと迫れるはずです。

CHAPTER2　さあ，ブックコミュニケーションの時間です

広さや深さをミクロの視点でつかもう

　科学の発達と人間の飽くなき好奇心により，もはやこの地球上に秘境は存在しなくなったといわれています。確かに，いろんなことができるようになり，どんな遠くへも行けるようになりました。ドローンの開発もあり，人類が見ることのできないもの，足跡をつけることのできない場所は，なくなりつつあります。

　でも，この本を開き，塩ゆでにされ，干からびているとはいえ，皿の上に自由な姿をさらしているチリメンジャコを見ていると，あぁ，ここにも秘密の世界が広がっていた，と唸らずにはいられません。こんなに小さいのに，ただの1匹だって同じ姿のものはいないのですから。

　その中に堂々と混じっているチリモンと対面するに至っては，もう感動ものです。ちっぽけで取るに足りないと思っていた世界にすら，奥深い「生の姿」が多様に口を広げているのですね。

小学校編

● 見方を変えればこんなにラクダ？

『あべ弘士　どうぶつ友情辞典』

あべ弘士　著
クレヨンハウス（2005）

　みんな，「ライオンの親はかわいいわが子を深い谷底に落として，自分の力で這い上がってきた子どもだけを育てる」という中国の故事を聞いたことがあるんじゃないかな。先生も，二学期が始まったらそろそろライオンの親みたいにならなくちゃいけないんじゃないかと考えた。もちろん，

校舎の窓から落とすようなことを考えているわけじゃないよ。精神的な谷底を見せるっていうこと。

ところで，いったい，ライオンはどのくらいの深さの谷にわが子を落としたんだろう？　この『どうぶつ友情辞典』で調べてみると，びっくり。故事でいわれている谷は「千じんの谷」といって，メートル法に直すとなんと約2km。2kmの深さの谷に突き落として這い上がれるライオンの子なら，その後，親の助けを借りなくたって自分で立派に生きていけるだろうね。

そう考えると，中国の故事の中でライオンの親に託されているのは，「子どもの能力を試すこと」ではなく，ただ，試練を与えるのみ。試練によって，「わが子よ，生きる道を自分で選びなさい」ってことかもしれないね。

ライオン以外の章にも，君たちがガツンとくる生き物たちの秘密の物語が隠れている。読んでみると暑ーい夏にぶるぶるっと震えたり，ゴゴゴッと元気の炎が燃えてきたり，新しい感覚を発見できるかもしれないよ。

荒々しきいのちのレッスン

二学期になったらあれも教えよう，このことを約束させなくちゃと教室の細かいルールを再確認する前に，この本をクラスみんなで読みあえば，先生も子どもたちもうごめく荒野のルールに放りだされた生き物同士として，新しい視点をもつことができるかもしれません。動物を知るというよりも，私たち自身を知るダイナミックなレッスンで，生き物パワーを蓄えましょう。

CHAPTER2 さあ，ブックコミュニケーションの時間です

気づき

小学校編

長かった休みが終わり，新しい季節にスイッチオン！ といきたいところだけど，なんだか体がだるくて心の切り替えが難しい。子どもたちと一緒に無理なく新鮮な一日を創っていきたいと願う先生，ハッとする楽しいブックコミュニケーションの時間です。

● ひとしずくのゆくえ

『かわ』

加古里子　作・絵
福音館書店（1966）

　夏休みの間，先生は，ちょっと自信をなくして落ち込んでいました。やろうと思ったことがうまくできず，友達との約束もすっぽかしてしまい，そんな自分がいやになっていたのです。
　ところが先週，友達から小包が送られてきました。開けてびっくり，この絵本が入っていたのです。なんとこの絵本は今から50年以上前にできた本で，先生も幼稚園で読んだことがありました。なつかしくてうれしくて久しぶりに，声に出してゆっくり読んでみました。

　　たかい　やまに　つもった　ゆきが　とけて　ながれます。
　　やまに　ふった　あめも　ながれます。
　　みんな　あつまってきて，ちいさい　ながれを　つくります。

とっても，いい文章です。

山やら雪やら雨やら，この自然界をつくるものを作者の加古さんは「みんな」と呼びます。大人のことも子どものことも，砂利や砂のことも，漕ぎ渡る船も川岸の堤防のことも「みんな」と呼びます。

この本を読んでいる人のことも，川下の水を汚す化学工場や製鉄所のことも「みんな」だと思って，一緒にいる気持ちになったり，こっそりのぞきこんだり，遠くから眺めたり，ときには「きをつけましょう」と思わず声をかけたりします。

——とける・染み出る・湧く・集まる・運ぶ・削る・泡立つ・音を立てる・砕く・押し流す・結ぶ・合わさる・広がる——その一つ一つの川の仕事を，きっちりこの絵本の中で見せてくれます。

あぁ，見えてないもの，見ようとしていなかったものに助けられ，つながりあって，私たちも川のように流れ続けているんだな，と思いました。そしてなぜ友達がこの絵本を贈ってくれたのか少しわかった気がしました。最後の頁はもう声を上げたくなるほどきれいなので，ここでは見せませんが，一つだけ言っておきたいことは「かわ」のゴールは海ではないということ。さぁ，自分で開いて，そのゴールを探してくださいね。

川は流れるだけじゃなく

よく歌の中で人生のはかなさを川になぞらえ，流れ流れてどこへいくのと語りかけたりします。でも，川は，創造の源のようなエネルギーや，その逆に破壊的なエネルギーももち合わせています。そうした川のさまざまな向きのエネルギーとうまく折り合いをつけて生きていく知恵を見出すことは，この地球でのあらゆる生き方のヒントになるのではないでしょうか。

CHAPTER2　さあ，ブックコミュニケーションの時間です

● アイツの抜けた数式

小学校編

『ぼくのかわいくないいもうと』

浜田桂子　作
ポプラ社（2005）

　おおっ，みんな，ずいぶん日焼けして，たくましくなったようですね。
　それでは，久しぶりに先生とちょっと算数の問題を考えてみましょう。ええっ，やだぁ～なんて言わないで。いいですか？
　数字「1」と，「2－1」の答えとして出てくる「1」は，同じでしょうか？　もちろん「1」という量は同じだね。最初からお皿に乗っていたチョコレートケーキを1個食べるのと，お皿にチョコレートケーキが2個乗っていて，誰かが1個食べた残りの1個を食べるのと，どちらも食べたケーキの量も味も変わらない。同じです。
　でもね，この「1」と「2－1」を人間の世界に置き換えてみると，どうでしょう。最初から一人なのと，いつも二人でいたのに一人が急にいなくなってしまって，気がつけば一人なのと，感じる寂しさは，決して同じとはいえませんね。
　この絵本の主人公の男の子は，おしゃべりで，でしゃばりで，いつも金魚のフンみたいに自分の後ばかり追いかけてくる妹が邪魔っけでなりません。兄妹のいる友達と較べても，自分がダントツ不幸だと本気で思っています。ところが，いなけりゃどんなに清々するだろうと思っていた妹がおたふく風邪にかかり，一緒にいない時間を経験すると，なんだか胸の中がごそごそと落ち着きません。
　「2－1」で，はじめてあこがれの「1」になれたはずなのに，それは想像していた「1」とは全然違うものだったようです。本を読んでみたら，

算数では解けない主人公のややこしい気持ちがわかるかもしれません。

あたりまえの幸せ

　小さい頃「お兄さんがほしい」と言ったら，「それは無理だよ，ほしいって言うんなら弟か妹だな」と笑われました。〈あぁ，ずいぶん不公平だなぁ〉と思ったことを，よく覚えています。だって，その笑った友達には，ちゃんとお兄さんがいたのですから。

　この絵本の主人公も，選んだり望んだりする権利を与えられないまま「おにいちゃん」になりました。妹にはちゃんとぼくという「兄」がいるのに，ぼくには「兄」がいない。いるのは，おしゃべりでやっかいな「妹」だけ。

　あたりまえのことですが，自分が家族の中でどんな構成員になるのかは，自分では決められないですね。決められないのに，その関係に，結構がんじがらめになって苦しむ場合もあります。

　でも，一人ぼっちの数式（「2−1」）を解いた時，そのがんじがらめが，実は「絆」という名前の幸福でもあったのだと，ふいに気づくことだってあるのですね。もちろん，いつもじゃないけれど。

● あたりまえの一日は特別な一日につながってる

『ノエル先生としあわせのクーポン』

シュジー・モルゲンステルン　作
宮坂宏美／佐藤美奈子　訳
講談社（2009）

CHAPTER2　さあ，ブックコミュニケーションの時間です

皆さん，クーポンって知っていますか？

雑誌や新聞のチラシなどについているお得な券のことで，それをお店で出すと「100円引き」になったり，「卵1パック」がもらえたり，「アイスクリーム」をサービスしてもらえたりしますよね。

ところが，この本に登場するノエル先生が，子どもたちに手渡した，いつでも好きな時に学校で使えるクーポンには，びっくりするような内容が書いてあったのです。

「宿題をしない券」「学校を1日サボる券」「教室で大声でうたう券」「わすれ物をする券」「先生にキスをする券」……さぁ，こんなクーポン券を教室で配られたら，皆さんはどうしますか？　そして，こんなおかしな券をみんなに堂々と配ってしまうノエル先生ってどんな人だと思いますか？

きっと校長先生に見つかったら叱られるぞと思ったあなた，正解です。でもね，校長先生に叱られたノエル先生は……いえいえ，この先のことを話すのはやめておきましょう。読んでもらった方が絶対おもしろいですからね。

教室に自由を持ち込むということ

「宿題をしなくていい券」ではなく「宿題をしない券」。「わすれ物をしてもいい券」ではなく「わすれ物をする券」。

特別なクーポンと一緒にノエル先生が子どもに手渡したかったものは，子どもに楽しいことを許可するサービスではなく，子どもたち自身が自主的に選び取る一日の自由だったのではないでしょうか。そして，どんな魅力的な内容が書かれたクーポンでも，使えるのは1回ずつだということも，とても大事な気がします。

なぜなら，その1回を満喫する「特別な一日」を想像するだけで，クーポンを使わないその他の日々が，特別につながるキラキラした時間に思えてくるからです。いつかにつながる今日。教室の希望はこんなところからも生まれてくるのですね。

せいかつ

読書の秋。スポーツの秋。そして,食欲の秋。1年のクラス運営をする中で,もっとも特別な実りが期待されるのがこの時期。

でも現実には,なんだか行事に追い回され,忙しくて日々のルーティンをこなすのがやっと。こんなんでいいのかなぁとため息が漏れてしまいそうな先生,一日一日の中に詰まっている豊かさやお楽しみをたっぷり味わえる,ブックコミュニケーションの時間です。

● 自分をとりまくしくみを味わう

『100円たんけん』

中川ひろたか　文
岡本よしろう　絵
くもん出版（2016）

先生が子どもの頃,♪10円あったら×××チョコ〜という歌を歌いながら10円玉を持っておやつを買いに行くのが楽しみでした。消費税がなかった時代,10円のおやつは10円で買え,キャンディにするかチョコレートにするか,くじ付きガムにするかラムネ菓子にするか,いろいろ迷いました。今は,10円で買うのは厳しいね。じゃあ,100円でどうかな？　100円で買えるものを10個探してきてって言われたらどんなものを探す？

（少し子どもたちが考える間をおいて）え？　100均に行く？

でもちょっと待って,100均では100円で買えませんよ。（子どもたちのあ,そうかぁ〜の気づきを待って）ではどうしますか？　どこへ行きます

CHAPTER2 さあ，ブックコミュニケーションの時間です

か？ この絵本の中の男の子はたくさん買いましたよ！ さぁ，どこへ行ってどんな風に買い物をしたのか，読んでみようか。

必要なものをほしい分だけ

100円といえば税込み100円の値札が付いているものを買うと思い込んでいる子どもたちに「量り売り」「切り売り」の世界も知ってほしいと思います。スーパーに行けば，お肉もお魚もパックに入って値段が決まっている。ひもも布も既に切り分けられ値段がついている。でも小売店に行けば，まだまだ，自分サイズの買い物ができる場所もたくさんあります。「100円分くださいな」の一言がそこでは求められます。無言でものだけをお金と交換するのではありません。コミュニケーションが求められ，ちょっと面倒だなと思うかもしれないけれど，その面倒な部分が実は生活から無駄をなくすことにもつながっていったりするのです。経済の仕組みに無自覚に巻き込まれていくことに「ちょっと待って」の足跡を，生活探検の中でつけていきたいものです。

● 普通ってなあに？

『地球家族──世界30か国のふつうの暮らし』

マテリアルワールド・プロジェクト　著
近藤真里／杉山良男　訳
TOTO出版（1994）

もしもだよ，皆さんの家の中にあるものを全部外に出して，その写真を

撮らせてください，って言われたら，どうしますか？　引っ越しで，荷物を段ボール箱に詰め込んでいくだけでも大変なのに，全部外に出して並べるなんて，面倒くさくてとんでもないって思うかもしれないね。内緒のものがいっぱいあるから，全部見せるなんて恥ずかしい，って思う人もいるかもしれないね。

　実は，この『地球家族』という本は，30の国の普通の家族が，とんでもないお願いに応じた写真集なのです。

　今，先生は，「普通の家族」って言ったよね。この本では，エチオピア，マリ，ブータンなど，国連加盟国の中で貧しいとされている国の家族もあれば，アメリカやイギリスやアイスランドのように裕福とされている国の家族も，同じように，普通の家族として1枚1枚の写真におさまっています。どの写真を見ても，「これが私たちの生活です」という，家族の誇らしげな声が聞こえてきそうです。

　それはきっと，自分たちの生活の肯定感を，よそのどの家族と比較することもなく，自分たちの幸福のものさしではかっているからなのだと思います。この本のインタビューでは，どの国の家族も「私たちは普通です」と答えています。自分たちを肯定する気持ちこそが，この「普通」という言葉に込められている意味なんじゃないかなぁ。ぜひ，世界中にたった一つしかない，それぞれの家族の笑顔と出会ってみてください。

　そうそう，持ち物っていう言葉一つとっても，その捉え方は，それぞれなんだよね。ウシやヤギが持ち物だったり，ともかくずらりと並ぶおしゃれな靴がご自慢だったり。日本の家族の登場の仕方もおもしろいですよ。

この世界へ向けた普通のまなざし

　いつもどこかで，誰かと競わされ，「普通でない何か」を手に入れることを求められているような日々。でも，普通ということは，みんなの中間あたりとか，平均的ということではありません。普通とは，自分のバランス感覚で決めていく，一番おさまりどころのよい位置のことを指すのです。自分たちの足元を見つめる生活目線で，

世界の現実問題をどの程度チェックできるのか。他と較べようもない、一つ一つの「生活」と向き合ってみることで、新しい世界認識が生まれることを期待しています。

あわててそっちに行かなくても大丈夫

『生活図鑑──『生きる力』を楽しくみがく』

おちとよこ　文
平野恵理子　絵
福音館書店（1997）

　みんな、もしもだよ、しっかりしめたはずの水道から水がぽたっ、ぽたっと漏れているのを発見したら、どうする？
　水道屋さんに電話して、修理してもらう……なるほどね。
　じゃあ、運動シューズが汚れて臭くなったらどうする？
　お母さんに洗ってもらう。コインランドリーの靴専用の洗濯機で洗う。え？　新しいのを買ってもらう人もいるのか。
　それじゃ、自転車がパンクした時にも、自転車屋さんに持って行って直してもらうんだろうね。ということは、君たちが困った時には、君たちの代わりになんとかしてくれる人やものが、周りにちゃんとあるってことだね。
　でも、よく覚えておいて。それはたいてい、君でもできることなんだ。ちょっと面倒だけど、手順を踏めば、これまで人まかせにしていたことのほとんどが、君の力でできるんだよ。そして、自分でやれば、水道の蛇口をひねると、なぜ水が出てくるのか、靴が汚れてるっていうのは、布と泥

の関係がどういう状態であるのか，自転車はどういう仕組みで走っている
のか，みんな，自然にわかっちゃう。手を動かすことはお金を払って他者
にやってもらい，その仕組みはお金を払って後で勉強するのと，お金を払
わず自分でやりながら仕組みも覚えてしまうのと，ねぇ，どっちがいい？

　とりあえず，この本を読んで，どっちがお得か，よーく考えてみよう。

自分の力でしなやかに生きぬく

　今大事なのは，生活に必要な諸々を全て消費に頼る方向から，自分でなんとかする方向への転換ではないかと，誰もが感じ始めているのですが，その一歩を踏み出す勇気がなかなか出ない。特に若い人たちにとって，質素とか倹約というのは，ダサい，辛気くさいというイメージがあるかもしれません。だからといって，エコバッグをファッション雑誌でとりあげ，「季節の変わり目ごとにとりかえなくちゃ」というようなキャッチコピーで盛り上げるのも本末転倒。そこへいくと，この『生活図鑑』は，丁寧なイラストと解説文の中に，人間として，ものと関わりあって暮らすことへの謙虚な喜びに満ちて，できるだけ自分の手でこの愛すべきものたちとつきあっていきたいという気持ちにさせられます。

　頁をめくっていくうちに，生きるとは，本来それなりの手間と時間がいるものなのだ，その手間と時間が，生きていることの味わいを生むのだ，というあたりまえのことに胸打たれます。

50

CHAPTER2 さあ，ブックコミュニケーションの時間です

 もの

小学校編

　11月です。あちこちのイベント会場などに足を運ぶと，青空の下，普通の家族が，自分の家で不要になったものをビニールシートに並べて，安く売っている光景をよく目にしますね。

　リサイクル精神は立派だけど，子どものいる家族が出しているおもちゃの数といったら，ものすごい！　いったいこれだけのぬいぐるみやミニカーを，どうやって手に入れたんだろう。遊びきれなかったんじゃないの？　と思わず首をかしげてしまいます。自分の教室にいる子どもたちに，「わんさかある」ことだけに溺れない精神をもってもらいたいと残り1枚となってしまったカレンダーを見つめて願う先生，さぁ，ブックコミュニケーションの時間です。

● 君のまわりは，いつも新しい

『いちにちぶんぼうぐ』

ふくべあきひろ　作
かわしまななえ　絵
ＰＨＰ研究所（2010）

　新しい友達，新しい教室，新しい先生に囲まれて，ぴかぴかの気分だった4月からあっという間に時間がたったね。筆箱を開けてごらん。中には，鉛筆，消しゴム，コンパス，クリップ，いろんなものがあるよね。

　4月からずっと同じものを使っているから新しくないよって，思うかい？　でもね，この絵本を読んだら，その考えは吹っ飛ぶかも。主人公の

男の子に負けずに，本気で消しゴムやセロハンテープやコンパスになって
みてごらん。世界がまるで違って見えるし，こんな賢くて頼もしいやつら
が，そばにいてくれてたんだ，とびっくりするよ。そして，文房具たちと
の毎日がぴっかぴかに輝いて見えるかもしれません。

なってみてはじめてわかること

　「相手の身になって考えましょう」と，これまでどれだけたくさ
んの場で語られてきたことか。大事なこの教えが魂につきささるよ
うに届くチャンスを見逃してはなりません。

　打ちひしがれている他者のために何かをせずにはいられない，何
かの役に立ちたい……。もしかしたら，人間同士だけじゃなく，身
のまわりにある道具たちだって，そんな思いでそっと人間たちに寄
り添っているのかもしれない。「相手の身になって」という大切な
言葉が，説教くさい言葉に成り下がってしまわぬよう，この際思い
切ってものとのつきあいを根底から見直してみる，そのために目い
っぱい想像力を駆使してみることも，あっていい。そこから得られ
る発見がまた，生身の人間社会の築き方に新しい風を送ってくれる
と信じて。

CHAPTER2 さあ，ブックコミュニケーションの時間です

● 雨にぬれても

『おじさんのかさ』

佐野洋子　作・絵
講談社（1992）／初版・銀河社（1974）

　皆さん，傘にまつわる思い出は，何かありますか？　バスの中に傘を忘れた？　傘をとられた？　傘の骨が折れた？　傘で闘いごっこをしていて怒られた？　じゃあ，何年も何年もずっと同じ傘を使ってる人はいますか？　この絵本に出てくるおじさんはね，たった1本の自分の傘が大好きで，濡れたり汚れたりが心配で，雨の降る日は決して傘を開かず大事に大事に閉じて過ごしていました。

　ところがある日，傘が濡れることなどちっとも気にせず，突然雨の中で傘を開きます。さぁ，おじさんは，なぜ傘を開いたんだと思う？　そしてそのことですっかり新しくなっちゃったおじさんの世界ってどんなんだろうね。（と言いながら絵本を読む。）家に帰ったら，ずっと内緒でどこかに隠してあるものを，1回だけこっそり取り出してみてごらん。どんな気持ちがするかなぁ。もちろん，いやだ，絶対開けてみたりするもんかっていう気持ちも，すっごく大事ですよ。

濡れることを恐れない勇気，
でも恐れている臆病な日々も悪くない

　　雨の降る日も傘を後生大事にとっておくおじさんをケチだなぁと単純には笑えない。「その日のために」と苦労して用意したものを「もっとふさわしい日」のためについお預けにしてしまい，せっかくのチャンスを逃したりもしますが，意外に心の中はいつかや

53

って来る日が先延ばしされることでホッとしていたりもするのです。「未来」をずっと追いかけられそうでホッとしていたりもする。

　そう考えると，もしかしたら，おじさんにとって，そんな風に「未来」を閉じた傘の中に抱えておくことは，大事なことだったのかも。みんなと同じように傘を開き，みんなと楽しく交わるようになったおじさんの心の中をちょっとのぞいてみたい気もする。

　傘をすぼめている表紙の絵と，傘を開いてたたずむ裏表紙のおじさんの絵，よく比較してみてください。人間の幸福は，合理的でわかりやすいものさしだけでは，測れないのかもしれません。子どもを教育する立場にあって忘れてはならないことの一つです。

● "ない"ということの豊かさ

『おくりものはナンニモナイ』

パトリック・マクドネル　作
谷川俊太郎　訳
あすなろ書房（2005）

　ここに登場するのは，かわいい犬のムーチとアール。
　ムーチはね，大好きな友達のアールに，何かとびきりの贈り物をしたいと考えます。でも，アールは，何でも持っています。持ってないものが，ないんです。なんでも持っている友達のお誕生日に，何をプレゼントしたらいいのか，みんなだって，悩んじゃいますよねえ。
　さて，ムーチは，「ナンニモナイをあげればいいんだ！」と思いつきます。でも，ナンニモナイなんてどこにも売っていません。困って困って，

CHAPTER2　さあ，ブックコミュニケーションの時間です

じーっと何にもしないで家にいたら，ムーチは，ふっといいことに気づきました。

　さぁ，ムーチが思いついた，いいことって何でしょう？　ナンニモナイは，どこにあるのでしょう？　ぜひ，この本の頁をめくって確かめてください。ムーチのプレゼントは，みんなの心にも届くかな？

無の存在感

　ムーチが，アールに届けた空っぽの箱。空っぽに見えて実は，ムーチがアールを思う気持ちがいっぱい詰まってた……，なんて安易な解釈は，この際しないでおきましょう。「そこにない」ことを受けとめるということは，在ることに等しい。量で存在は測れない。そして，「ない」ことの圧倒的な存在感とともに，それを感じあう互いの存在感も確かに残っていきます。

　今かたわらにいる誰かの愛おしさをイメージすること，そのためのプレゼントが，空っぽの箱。空っぽということは「全て」でもあるのですよね。

　どうやら，翻訳という作業を通して詩人の谷川俊太郎さんが名づけた主人公の2匹の名前が「ムーチ（無知)」と「アール（在る)」だということにも，深い意味がありそうです。本人たちは，自分たちの歩むべき「知」の道のりを意識してはいないのでしょうけれど。

12月　からだ

　今年もゆっくり過ぎていこうとしています。
　1年間，泣いたり笑ったり，いろんなことのあった教室を振り返り，子どもたち一人ひとり心にあたたかい光を灯すことができただろうかと，ふと考えてしまいます。そこで，ここは一つ，心といわず，からだまるごとを温めるブックコミュニケーションに挑戦してみませんか？

● **わがクラスのこころ・いき！**

『おねんねまえに　まねまねヨーガ』

伊藤華野　文
まつおすみこ　絵
京都通信社（2007）

　おはよう。今日はね，先生，朝のいい空気をいっぱい吸って学校に来たから，変身エネルギーが，身体に詰まっている感じなんだ。今から3つの変身を続けてやるから，よーく見ててね。（と言いながら，姿勢を正し，ヨーガのポーズに入る準備。）
　「まねまねだぁ～れ」（と言いながら，ペンギンのポーズ。続けて……）
　「まねまねだぁ～れ」（と言いながら，ピエロのポーズ。さらに……）
　「まねまねだぁ～れ」（と言いながら，旗のポーズ）
　さぁ，先生の変身が何だったかわかったかな？　最初は（ともう一度ポーズを決めて），氷の上をぺたぺた歩くペンギン。次は，ペンギンみたいに

CHAPTER2　さあ，ブックコミュニケーションの時間です

小学校編

なりたいと思ってるピエロ。その次は，ピエロが活躍するサーカス小屋でパタパタ揺れる旗。

　こうやって，「何か」から「何か」につなげて動いてみると，何にでもなれる自分の手や足や首や頭やお尻やお腹が，好きになってくるよ。好きになると，身体の中から出てくる「す〜っ，は〜っ」っていう息が楽しくて元気なリズムをつくり始めるよ。ほら，この本には，まだまだずっとつながる変身ポーズがのっているよ。ぜひ覚えて，おうちの人と当てっこゲームをしてごらん。

心と身体のリラックスリレー

　ヨーガの世界は，日頃酷使している脳の疲れをとって，自然界のリズムを感じ，自分をそのリズムに添わせてみることで，身体を元気にするだけでなく，たくさんの気づきを生みます。

　特に，このまねまねヨーガは一つずつのポーズをゆるやかに変形させて次のポーズに流れていくものだから，固定した自分というものをほどいて見つめ直す，格好のテキストです。

　一つずつのポーズに「免疫力を高める」とか「適応力がつく」とか「視力が上がる」などの効能がついていますが，こういうポーズをやってみるということ自体，ストレスフルな日常の役割をみんなの前で堂々と脱ぎ捨てるってことですから，それだけでじゅうぶんに身体にやさしいお手当て，というわけです。子どものためにといわず，子どもと一緒に，どうぞ。

● 聞きたいのに,なぜって聞けない,何でだろう?

『10歳の質問箱
　　――なやみちゃんと55人の大人たち』

日本ペンクラブ「子どもの本」委員会　編
鈴木のりたけ　絵
小学館（2015）

　みんなといろんな話をしてきたけど,なぜか,お尻とか,胸とか,お腹とか,身体の話は保健の先生におまかせで,あんまりしてこなかったよね。でも,この本を読んだら,みんなもしかしたら,身体のことについてもっといろいろ知りたいことがあるのかも,と気がつきました。たとえば,エッチなことを考えると頭が悪くなるんですか？　とか,顔をちょっと直して,美人になりたい。だめですか？　とか。

　さて,どんな答えが正しいんだろうと？　と先生もドキドキしながら答えの頁をめくっていきました。一人の大人じゃなくて,いろんな人がまじめに答えてくれています。身体以外のびっくりするような質問もいっぱいあるから,一緒に頭をひねって答えを探してみようか。何でだろうって考える時間そのものが,とっても楽しいですよ。

鵜呑みにせずにヒントだけもらう

　疑問に思うこと,そのことを考え続けること,答えが出てもまたその答えを疑ってみること,そしてまた考え続けること,だから「解答」でなく,今その場における「回答」だと心得て,人の意見を取り入れることはとっても大事。この本の問答が,情報の渦に流されないための足掛かりになってくれるといいなと思います。

CHAPTER2　さあ，ブックコミュニケーションの時間です

● からだを知ろう

『からだのふしぎ（ひみつはっけん！）』

にしもとおさむ　絵
清水洋美　構成・文
世界文化社（2016）

　今年1年，いろんな人にお世話になりましたね。ちょっと時間をあげますから，お世話になった人の顔を思い出してみてください。

　お世話になったのは，人だけじゃないね。他にどんなものにお世話になった？　教室，机，イス，黒板，運動靴，運動場，体操服？　鉄棒，ベッド，枕，茶碗，コップ……うわぁ，数え切れないですね。

　でも，多分，たった1秒間もあなたから離れることなく，あなたのために一生懸命働いてくれたものが，まだ別にあります。何でしょう？

　そうです，あなたたちの，世界に一つしかない「からだ」です。みなさんは，同じ大きさの石ころと自分の骨と，どっちが軽いか，知っていますか？　骨の方が軽いんです。骨の中にはたくさんの穴があいているからね。ところが，同じ大きさの石ころと骨では，骨の方が砕けにくいし，よく弾むんだよ。もちろん，腕や足や肋骨のような長い骨は，無理な力が働くと折れやすいけれども，石より軽くて丈夫な約200個の骨に守られて，あなたたちは，毎日を生きてるんです。

　骨だけじゃない，あなたの最高のパートナーである「からだ」の，隠れた仕事をしっかり覚えておいてほしい。先生も，この本を読みながら，「おいおい，よくやってくれてるよなぁ」と，自分の身体をさすっていると，泣けてきました。すると，先生の頭の中で「涙の量はこのぐらいでいいですか？」とたずねる声が聞こえてきました。ほんと，ごくろうさん。

そこから愛そう

　不安定な時代を生きている子どもたちへの「君は一人ぼっちじゃない」というメッセージが究極的に行き着くところは，自分の身体へのまなざしであると思います。

　やれお腹が痛い，頭が痛い，熱が出た，というような日々のトラブルは，実は身体が，自分たちの主を守るべく闘っている姿なのだと気づいた時，たとえ，だれが自分を見放しても，最後まで自分の身体だけはついてきてくれているのだと，納得できるはずです。

　深い自己肯定は，ここから始まるのだと思っています。好奇心いっぱいのキャラクターが繰り広げるからだ探検ストーリーは，知識詰め込み型とは一味違うおもしろさです。

CHAPTER2　さあ，ブックコミュニケーションの時間です

ことば

小学校編

新しい年が始まり，学年の総くくりの時期に入りました。

クラスでともに歩める残りの日々で何ができるだろう，何を伝えておこうか，とあれこれ考え焦ってしまいます。その一方で，何を言ってもこっちが思うようには伝わらないんじゃないかとどこかあきらめモードの先生もいるかもしれません。今一度「言葉」と正面から向き合う勇気をもって，さぁ，今年初のブックコミュニケーションの時間です。

● 言葉を身体で楽しもう

『どうぶつはやくちあいうえお』

きしだえりこ　作
かたやまけん　絵
のら書店（1996）

今日は，本を紹介する前に，覚えてもらいたい体操があります。名づけて〈あいうえお体操〉。

はい，まず「あ」と言ったら，両手を前に出して，大切なものを受けとめるように大きく広げてください。

「い」と言ったら，くちびるの両端をいーっと横に引っ張って。

「う」と言ったら，「うっ，痛い」という感じで，お腹を押さえ身体を丸めてください。

「え」と言ったら「え～いやだぁ」と両手を右斜め下に流して。

そして，「お」は，両こぶしを作りファイティングポーズのように上下に三度振ってください。

いいですか，一度練習してみましょう。「あ・い・う・え・お」「あり」「おしり」（のように声に出して例を挙げ，子どもが5つの母音と身体の動きを結びつけることができるようになったことを確認してから）。

では，いよいよこの本を読みます。

「あんぱんぱくぱくぱんだのぱんや。」

はい，では，今練習した〈あいうえお体操〉でこの言葉を表現してみましょう。（実際に身体を動かし同じ動きの連続だと気づかせる。）

さぁどうでしたか？　この早口言葉の秘密は，「あ」の音と「う」の音が何度も繰り返されることにあったのです。〈あいうえお体操〉をしながらこの絵本を読むと，ほかにも早口言葉に隠された意外な秘密がわかりますよ。友達と一緒にやってみるのも楽しいですね。

身体に結びついた「言葉」を自在にあやつる

日常生活で，子どもたちが日本語の特質を意識する機会は，なかなかないと思います。

けれど，こうやって，母音＋子音の構造を言葉遊びの中で気づくことができれば，語ることや，語りを受けとめることがもっと楽しく弾力性のあるものになっていくのではないでしょうか。

テクノロジーの急速な発達で，「言葉」が身体から遠ざかっていくことだけは避けたい。そのための工夫を，活き活きした教室でのコミュニケーションの中で見つけ，育てていきましょう。

CHAPTER2　さあ，ブックコミュニケーションの時間です

● 今日一日分の元気が言葉になる　

小学校編

『平和をかんがえる
　こども俳句の写真絵本』

小学館（2015）

　お正月を迎えたので，ここはひとつ先生も書き初めをと思ったのですが，あんまり字がへたくそで，いやになりました。じゃあ今年最初の美しい歌を空に向かって歌おうと思いましたが「恥ずかしいからやめて」と家族に言われて，がっかり。それでせめて空を見上げて，俳句を作ってみようと思いました。へたくそだけど三つも作ったので，聞いてくれるかな。
　「空よりも青いシャツ着て３学期」「空の下大きな声でおはようさん」
　「空という漢字の書き取り50回」どうかなぁ？
　（みんなの感想を聞いてから）実はね，みんなと同じ小学生の男の子も，空をイメージして俳句を作っているのを発見したんだ。それがこれ。（44頁の俳句をよむ。）
　希望と喜びにあふれたかっこいい俳句だねぇ。この俳句を書いた中村瞭太くんは平成生まれだけど，この俳句を戦争が終わってすぐの日本の写真とくっつけてみるとどうなると思う？
　これは戦争の爆撃で学校が吹っ飛ばされて，仕方がないので外で授業をしている写真。（44，45頁を見せる。）この写真を見ながらもう一度書いてある句を読んでみて。
　ガラスが飛び散って壊れてしまった窓。その窓を見上げて心に描く「夢」はどんなものだったんだろうね。作者の中村君が夢見たものとは全く違う夢が見えてくるから不思議だね。先生の俳句もこの写真にくっつけてこっそり読んでみたよ。そしたらあらら，令和のこの時代にみんなと一

63

緒に勉強できることがもっともっとうれしくなってきたよ。

言葉は，いつも生きている

　時代を超えて出会った子どもの俳句と写真。それは，「現代を生きる」ということが，歴史の中の一地点ずつで終息するものでなく，意味や重みを変えながらずっと連続していると教えてくれます。「現代」に寄りかからず甘えない。けれど限りなく「現代」を愛おしむ。この二つのことを，本の1頁ずつに挟み込むようにして，平和を愛する教室をはぐくんでいきたいものです。

● ヘンだって思う気持ちはヘンじゃない？

『なんかヘンだを手紙で伝える』

村中李衣　作
藤原ヒロコ　絵
玉川大学出版部（2012）

　クラスで何かを話し合わなくちゃならない時に，今までこのクラスでは多数決でさっさと決まっちゃうことってなかったかな？
　それで，ほんとは，〈え？　これってちょっとヘンな感じ……〉と思ったけど，正直にその気持ちを口にしたら「みんなで話し合ったのに，今さらそんなこと言い出すなんて！」って思われるのがイヤで，結局黙っちゃったってこと，なかったかな？　みんなだけじゃなくて，先生もそういうやり方を見ていて，ん？　と思いながらそのまま見過ごしちゃったことがあった気がする。
　この本に登場する佳奈ちゃんっていう女の子も，クラスで起きたある

CHAPTER2 さあ，ブックコミュニケーションの時間です

事件をきっかけに，「ヘンだ」の一言が言えずにぐずぐず悩んでいました。でも中学生のサミュエルくんっていうカッコいい男の子にアドバイスをもらって，少しずつこのぐずぐず気分のお悩みを解決していきます。

キーワードは手紙！

え？　今どき手紙？　面倒だな，メールでいいじゃん，と思う？　でも，メールで伝えるのと，手紙に書くっていうのは，ずいぶん伝わり方が違う。先生もこの本を読んでハッとしました。だからみんなも，できればサミュエルくんに「面倒くさいのになんでわざわざそういうことするの？」って気持ちをぶつけるつもりで頁を開いてみて。意外とおもしろい手紙の魅力を発見できるかもしれないよ。

信頼のもとに伝える「ヘンだ」で，関係は深くなる

相手の言った言葉から目をそらさず，自分の「私はそうは思わない」という気持ちからも目を離さないで，「ヘンだ」をきちんと伝えることができるのは，相手を深いところで信頼しているからこそです。

いくつかの法則に従って，子どもたちが幼いなりに自分の感情を整理し，どんなゴールにたどりつきたいのかを見定め，前に向かって進み続ける勇気がもてるようになってほしい。サミュエルくんと一緒にその成長を見守るような気持ちで，子どもたちのかたわらにいたい。

じぶん

いよいよ1年間の締めくくりに差しかかってきました。

新しい学年へ，そして新しい学びの場へ巣立っていく子どもたちに届ける言葉を今から探している先生。1年間そうやって常に子どもの方を向き，大事なものを追いかけ続けてきた先生，あなたにこそ新しい季節に向けて送りたい1冊があります。

さぁ，あなたとあなたのクラスの子どもたちへ向け，心を込めて創り上げるブックコミュニケーションの時間です。

● 今日も私たちは新しくなる

『あかいひと』

須田慎太郎　著
バジリコ出版（2006）

赤ちゃんが泣くと，びっくりして「お～よちよち，泣かないで泣かないで」っていう気になるものだから，あんまりその泣き顔をじっくり見ることってないよね。ほら，この表紙の赤ちゃんをよーく見てください。どんな感じがする？　涙ふりとばしてどこか一点をにらみ，開いたその口から今にも伝えたい言葉が飛び出してきそうだね。何がくやしいのかな？　何を伝えたいのかなぁ？

実は，この表紙の人物が「あかいひと」です。え？　あかい……ひと？　そうです。普通は「赤ちゃん」と呼ばれています。でも，この本のど

CHAPTER2　さあ，ブックコミュニケーションの時間です

小学校編

頁をめくっても，そこに写っているのは，一生懸命自分を生きている堂々とした，ひとです。

この本を作ったのは，須田さんというカメラマンです。赤ちゃんたちは撮影の間中，ハイハイしながら近づいてきてカメラをなめまわし，よだれでネバネバの手でレンズをつかみ，はだかになると順番におしっこをもらし，一人が泣き始めると次々に悲しい顔で全員泣き始めたそうです。

皆さんはもうしっかりものの小学生で，ハイハイも，はだかで順番におしっこも，教室ではしないけれど，「あかいひと」と同じようにその前へ前へと進む力で，いつも先生にぐいぐいと迫ってくるよね。いつもすごいと思っています。

でもよく考えてみたら，先生だってそんなあなたたちのいのちの続きの道を歩いてるんだから，先生だって皆さんに負けずに毎日新しくありたい。これからもよろしくたのむよ。

私が「わたし」でいることは，こわいものなし

自我に目覚めながらもまだ社会の影響をほとんど受けず，他者との境界が簡単に溶解し，あなたが私に入り込んだり，私がネコやイヌや風や樹だったりした「あかいひと」の時代には，こわいものなんてなかった。

ちっぽけな自分を肯定できず悩み苦しんでいる子どもたちの原点が，この「こわいものなし」のやわらかな塊だったことを忘れずにいたい。そして，教師であったり，親であったりという役割仮面を被っている私たちの始まりもやはりそこにあったのだと，肝に銘じておきたい。

ところで，この写真絵本を抱えて街に出ると，誰とでも会話ができ，誰もが，おだやかな表情になります。「今忙しいから後で」という言葉を放り出し，ついつい見入ってしまう。多分それは，深い記憶の自分に再会しながら，同時に日々新しくなる自分を発見しているからなのだと思います。

● みんな不思議を生きている

『ウミウシ
　　──不思議ないきもの』

今本 淳　写真・文
二見書房（2007）

　君たちに今日は，奄美の海に生きている不思議な生き物を紹介しよう。
　奄美大島は，鹿児島と沖縄のちょうど中間あたりに位置するきれいな島です。さて，この島で見つけることのできる，不思議な生き物とは，ウミウシです。大きさはというと，このくらい。（と言いながら爪の先で大きさを示す。）つまり6mmくらいの大きさから，15cmくらいのものまで，今見つかっている種類だけで，1,200種類くらいあるんだそうです。
　（もう一度爪の先で大きさを示し）いいかい，こんな小さい生き物，みんなは，ゴミのようにちっぽけに感じるかもしれないけれど，この1,200種類の姿をちゃんと見ると，息をのむほどすごい。（と言いながら，全長6mmのアカフチミドリカイや，ターコイズミノウミウシの写真を見せましょう。）
　おもしろい姿，きれいな色，1,200種類，どれもびっくりするほど個性的です。大きさはちっぽけでも，生きている姿はちっぽけなんかじゃない。広い広い海の中で，小さくても，見つけられることがなくても，こんな風に，誰とも同じじゃない自分を生きるウミウシの存在に，先生は目を見開かされました。みんなも，1匹ずつのウミウシに出会ってみてください。

私を「わたし」と呼べるのは世界でただ一人
　　私がまだ本当に幼かった頃，みんなが私のことを「ひさこちゃん」と呼ぶので，私も自分のことを「ひさこちゃん」と呼んだら，

「わたし」と呼ぶように正されました。

　それは，世界からたった一人，自分が切り離された強烈な痛みの記憶です。でもそれから間もなく，近所の散髪屋のおばちゃんから「世界中でひさこちゃんのことを『わたし』と呼んであげられるのは，ひさこちゃんだけなのよ」と教えられ，世界と私の関係にぱぁっと光が差したこともはっきりと覚えています。

　この写真集をめくり，1匹1匹のウミウシの姿を見つめていると，世界でたった一人の「わたし」を誇らしく生きるものたちの声が聞こえてくるような気がします。誰かと較べられ，自分のちっぽけさを噛みしめることの多い日々から解放され，自分が自分を引き受けて生きることを「選ばれた不思議」として，ゆらゆら味わってみることも，大事な成長の儀式となるのではないでしょうか。

● お楽しみ貯金の使い道

『よい子への道』

おかべりか　作
福音館書店（1995）

　皆さん，昨日の夜は，よい子でいましたか？
　こんな言葉を聞くと「先生，からかわないでよ，幼稚園や保育園の子どもじゃあるまいし……」と思いますか？
　では，もう一度聞きますよ。よい子でいるって，どういうこと？
　たとえば，クリスマスの日によい子でいるために「サンタさんにしては

いけないこと」ってなんだったと思いますか？　この本の作者によれば，四つ。一つめは，「サンタさんにはでな服をプレゼントすること」。二つめは「悩みを打ち明けること」。三つめは「こたつに入れてひきとめること」。そして，最後に「こっそりソリにのせてもらうこと」です。

　この四つをやったことのある人いますか？　いない？　ってことは，みんな「よい子への道」を進んでいるということです。「でも，やってみたかった，あたしもサンタさんに雪だるま模様の真っ赤なアロハシャツをプレゼントしたら，夏の間サンタさん，着てくれたかもしれないのになぁ」と思った人，残念でした。よい子になるためには，「悪いことをしない」だけじゃなくて，そういうすごくおもしろそうなことを，いつかのお楽しみとしてお取り置きできる人のことをいうらしいです。

　でも，そのいつかは，ほんとにやってくるのかな？　大丈夫。作者がこの本を書くことができたように，「していいよ」の世界をどんどん突き進めるパワフルな未来がきっとやってくる。そう信じて歩いていこう。

大人への道に

　この本には，子どもが今を生きることを擁護する強烈なメッセージが含まれています。大きくなっていく道のりで子どもに与えられていく社会のルールは，ほとんどが否定形。「～をしてはいけない」「～に行ってはいけない」「～と言ってはいけない」……。では大人になったらしてもいいこととは？　お酒を飲む，たばこを吸う，エッチな本や映画を観る，ぐらいのこと。

　こんな狭いお楽しみではなく，生きることの意味が大きく拓かれる「してもいいこと」が，大人になっていく道筋でもっと用意されれば，「よい子への道」を歩み進めることにも希望が見えてくる。そのために，大人がもっと真剣にならなければ。

CHAPTER2　さあ，ブックコミュニケーションの時間です

小学校編

みらい

　年度末です。終業式を控え，子どもたちに，過ごしてきた1年間を振り返ってもらうと，たいてい出てくる言葉は，よく勉強したとか，しなかったとか。あるいは，友達ができたとか，できなかったとか，先生の言うことをよく聞いたとか，聞かなかったとか。

　でも，そういう1年間のあらゆる場面で，彼らに寄り添い，守り，時には傷つき，どんな時にも離れることのなかったのは，彼らを待っている「未来」の時間。だからこそ，学年の最後に，「未来」へ向けて希望のブックコミュニケーションを届けましょう。

● 未来へのことづて

『やくそく』

ニコラ・デイビス　文
ローラ・カーリン　絵
さくまゆみこ　訳
ＢＬ出版（2014）

　スリやひったくりが横行する荒んだ町で育った一人の少女。いつものように，通りすがりのおばあさんから持っていたカバンを盗もうとした時，少女に向けておばあさんは言います。「おまえさんにやるよ。これを植えるってやくそくするんならね」。

　このおばあさんの一言で，少女は変わっていきます。カバンの中いっぱいに入っていたのはドングリ。少女はおばあさんとの約束を果たすために，

暗く希望の見えない町に一つずつドングリを植えていきます。やがて，この小さな約束が町を大きく変えていきます。そして，彼女がおばあさんと交わした約束は，新しい町での新たな約束へとつながっていきます。

　染み入るように静かで切なく，とても美しい絵ですね。（頁をめくって見せる。）ドングリをひたすら町に植え続ける。簡単そうにみえて，なかなかできることじゃないよね。単純な作業は，誰だってすぐに飽きてしまうもの。最初先生は，なぜ少女がおばあさんとの約束をこれほど一生懸命に守ったのか，その理由がわかりませんでした。でも，何度も繰り返しこの絵本を開くうちに，ハッとしました。「やくそく」とは，相手を信じるからこそできるんです。おばあさんは，一瞬の出会いで，少女のことを信じたんですね。スリを繰り返してきた少女と本気で「やくそく」を交わそうとした大人はこれまでいなかったんじゃないかな？

　先生もみんなのことを信じて，4月からの新しい毎日のために，どんな約束をしようか，今ひそかに考えています。

4月からの新しい日々に向けて，「やくそく」を

　1年間一緒に泣いたり笑ったりしながらつくってきた愛おしいクラス。でも，この絵本に出てきたおばあさんのように，大切だからこそ，新しいステップに向けて今日までの幸せを次の誰かに手渡さなければ。そのための約束は，相手を縛る窮屈なものではなく，輝くいのちをはぐくみ続ける開かれたものであるはずです。互いに納得しあえる「約束」を交わせるところまで，1年間で，たどりつけていますように。

CHAPTER2　さあ，ブックコミュニケーションの時間です

● 未来に住む　　　　　　　　　　　　　　　

小学校編

『新装版　昭和少年SF大図鑑
　　──昭和20〜40年代僕らの未来予想図』

堀江あき子　編
河出書房新社（2019）

　皆さんは将来何になりたいですか？　どんな仕事をしてみたい？　ちょっと考えてみて。（考える時間をとった後で）さあ，今いろんなことを想像したよね。その想像した「未来の世界で仕事をしている自分」は，笑っているかな？　どんな服を着て隣にはどんな人がいるかな？　そして，みんなが働いている街の様子はどんな風かな？　どんな車が走ってる？　どんな建物がある？　そこは地球？　それとも別の惑星？

　皆さんが大人になってどういう仕事をする人になりたいかを考える時には，まず10年後，20年後，30年後の世界がどんな風になっているかを予測しなくちゃいけない。パイロットになりたいって考えた人は，10年後空を飛ぶ乗り物がどんな風に行き交っているかを考えなきゃいけない。看護師さんになりたいと思う人は，10年後この地球上にはどんな病気で苦しむ人がいるんだろうかと，想像してみなくちゃいけない。

　この本は，みんなのおじいちゃんやおばあちゃんたちが子どもだった頃，未来を，つまり今のことなんだけど，どんな風に予想したのかがわかる図鑑です。めくってみるとね，こんなコンピューターが現れるよっていう予想図や，宇宙開発の予想図は，ドキッとするほど当たっているよ。逆に想像したようにはならなかったこともたくさんあるよ。みんなも自分の「未来予想図」を描きながら，自分がどんな大人になりたいかを考えてみたらどうかな？　先生もその「未来」の絵の中に小さくても入っていられるように，長生きするぞぉ！

73

ありえないはありえない

　キャリアデザインを考える時には，自分を起点にせず，社会のありようをしっかり見据え，そこを起点に自分の生き方を考える習慣をつけること，そして，「科学」と友達になることが大事です。

　「根気よく想像し，ゼロから創り上げる」，これは，建築家黒崎敏の言葉です。想像する，夢見るということは，実現に結びつかない一過性の行為で，現実とかけ離れていると考えられがちですが，実際はそうではありません。信念に基づいて，夢に近づいていく過程や努力を惜しまず，そこに知恵と遊び心を注ぎ込んでいけば，夢の実現も夢じゃない。大事なことは，その夢を自分にぐっとひきよせ，考え続けることです。そうすれば，令和のその先の物語だって，きっと見えてくるでしょう。

● ただ一度だからこそ

『1歳から100歳の夢（愛蔵版）』

日本ドリームプロジェクト　編
いろは出版（2014）

　あなたの夢は何ですか？
　3歳の翔馬くんの夢は，サンダーバードの運転手になって，電車をガッチャーンと連結することだそうです。
　7歳の真悟くんの夢は，レスキュー隊になって，人を助けること。人を助けてありがとうって言ってもらえると，心が気持ちいいからだそうです。

CHAPTER2　さあ，ブックコミュニケーションの時間です

小学校編

　12歳の敦士くんの夢は，長距離トラックの運転手になって，他の県とかに行って，コンビニで休んだり弁当を食べたりして走ること。カスタマイズしたトラックで走りたいけど，車検が通るかどうか心配だそうです。

　16歳の希望さんの夢は，オペラ歌手になることだそうです。歌を歌うことは，私が夢中になることではなくて，私を夢中にさせてくれるものなんだと，希望さんは言います。

　50歳の浩二さんの夢は，甲子園に行けなかった自分の代わりに，教師になって母校の生徒を甲子園のマウンドに立たせること。教師になることも難しかったし，その夢はなかなか叶わずにいるけれど，生徒たちと一緒に，いつか日本一の学校にしていくことを目指しているそうです。

　そして，90歳の初枝さんの夢は，英会話ができるようになって，外国の人とおしゃべりをすること。

　どの人の夢の中にも，他の人では立ち入れない，その人の人生が見えるようです。あなたも，この本をめくりながら，まだ見ることのできない自分の歩く道のことをほんの少し想像してみるのも楽しいかもしれませんよ。

みんな一つきり，一度きり

　この本の中で語られている一つ一つの夢を読んでいくと，あぁ，自分はもうずいぶんこの道を歩いてきたんだなぁという思いと，まだまだ見果てぬ道を歩いて行くんだなぁ，という思いが，交互に何度も湧き上がってきます。来た道を振り返る時，それはどれも一度きりの連続だったことに気づかされ，これから先の道も，一つきりを選び取っていくしかないのだなぁという覚悟が生まれます。

　この本の中に自分の人生はない。だからこそ，ゆっくりゆっくり頁をめくりながら「そこに描かれていない自分」の人生にも向き合ってもらいたい。

中学校 編

4月 出会いのとき

　期待と不安の入り混じった出会いの時，4月。仲良しの友達がいない教室にぽつんと一人。たくさんの人の中にいるのに，自分だけが取り残された気持ちになって，新たな友達をつくっていけばよいのはわかっているけれど，友達ができるかどうか不安で不安でたまらない。クラスの中にはそんな子もいるでしょう。そんな時期だからこそのブックコミュニケーションを始めましょう。

『周期表　完全版　ゆかいな元素たち！』

サイモン・バシャー　絵
エイドリアン・ディングル／ダン・グリーン　文
藤田千枝　訳
玉川大学出版部（2015）

　ねぇみんな，今日は，おもしろいものを持ってきました。まずは，よーく眺めてください。（巻末にある周期表の図をみんなに見せる。）
　これは，「周期表」といって，ここに示してある一つ一つの記号は，この世界をつくっている一番おおもとの元素です。
　一つずつの元素が，なんだかおもしろいゲームのキャラクターみたいな姿をしていますね。これは，元素がどれも，違った性質や，パワーをもっていることがよくわかるようにキャラクター化してあるんです。ここに載っている元素同士が手を組んだり，けんかしたりすることで，新しいパワーが生まれたり，とんでもない事件が起きたりもします。
　一つ例を挙げてみましょう。雪は，元素記号の1番H（水素）と8番O（酸素）でできています。Hのキャラクターと0のキャラクターは，これ

CHAPTER2　さあ，ブックコミュニケーションの時間です

です。（7頁と91頁の絵を見せる。）Hはチビだけど一発くらわす力がみなぎっていて，ぱっと燃えるような性格。これに対してOは，もの静かで控えめ。無色，無臭で，味もない。雪は，このまったく違う二つのキャラクター同士がくっついてできたものなんですね。

　この本をよく見ていくと，もっと違うこともわかってきます。Hは一匹狼でグループに属さないけれど，Oは仲間グループに属しているんです。といっても，Oのグループには，仲間の共通点がほとんどなく，強いていえば，みんな自然界で鉱石の主成分になるといったことぐらいの集まり。いろんなグループの構成メンバーである元素のキャラクターをこうやって眺めてみると，元素単体での性質やパワーと，寄り集まった時のそれぞれの働きは，それぞれ異なってくることがわかってきます。

　これは，私たち人間の世界にもいえることです。出会って間もない君たちが，いい友達をつくろうと勇気を出して自分とはタイプの違う誰かと一緒に何かをやってみることで，思いがけない新しいパワーが生まれてくる。でも，元素同士は，どれでも全部うまくくっつくわけじゃない。それと同じで，誰とも全部うまくくっつきあおうとしたって，それはちょっと難しいんです。だから，うまくつきあうために自分を無理して変えていくんじゃなくて，自分をさらけ出して素直に生きてみることで生まれてくる新しい出会いを，一つずつ大事にしていけばいいんじゃないかな。

誰一人同じ性質の人間はいない

　この世界をつくっている元素は，どれもユニーク。硬くて砕けやすい性格のマンガン（Mn）や，したたかに歳を重ねたスズ（Sn）もいる。また，周期表の同一グループに所属していても，ホウ素の仲間元素のように，寄せ集めグループでまとまりがないものもある。そうやってこの世界はときにはゆるやかに，ときには激しく構成されている。この本にずらりと並ぶ111の元素キャラクターを眺めていると，お腹の底から，クラスづくりの新しいパワーが湧いてきます。

5月　劣等感を超えて

　若葉が目に鮮やかな季節を迎えます。1カ月が経ち，緊張がほぐれる頃ですが，4月から気を張ってきた分，実は心はくたくたになっていて，連休でほっと一息ついたとたん，どっと疲れが出る時でもあります。そんな時，ふと周りを見ると，周りが自分より大きく見えて，自分のことをみすぼらしく感じてしまう生徒もあらわれます。そんな生徒たちの視野を広げるために，さぁ，ブックコミュニケーションの時間です。

『りんごがたべたいねずみくん』

なかえよしを　作
上野紀子　絵
ポプラ社（1975）

　新学期からひと月が過ぎ，ふと周りに目を向けると，周りの人は自分にないものをもっていて，自分が妙にちっぽけに見えてしまうことはありませんか。それぞれが違う個性をもっていて，それぞれでいいのはわかっているはずなのに，周りと比べて，どうしても自分がみすぼらしく見えてしかたがない。比べてもどうにもならないことなのに，そんな気持ちにとらわれてしまうこともあるでしょう。

　この絵本のねずみくんは，そんなあなたの心を代わりに語ってくれます。高い木の上のりんごを見上げるねずみくん。とてもりんごには届きません。つばさのあるとりくん，木のぼり上手なさるくん，長い鼻のぞうくん，首の長いきりんくん，高く跳べるカンガルーさん，力が強いさいくん，みん

CHAPTER2　さあ，ブックコミュニケーションの時間です

中学校編

な自分のよさを生かして，りんごをもぎとっていきます。木に残ったりん
ごはあと二つ。そこにやってきたのはあしかくん。さぁ，あしかくんとね
ずみくんはいったいどうするのでしょう。

　あしかくんは，ねずみくんを鼻先にのせるとりんごの木の枝まで投げ上
げました。ねずみくんはりんごをもぎとって，一つをあしかくんに渡しま
す。でもね，ここからが大事！　木に登ったねずみくん，最後の1個はあ
げない。自分のためにちゃんとりんごを持っている。先生はここに，どき
んとしました。みんなに手伝ってもらってようやく手に入れたものは，み
んなのもの。自分だけのものにしてはいけない。学校の中ではそうしがち
だよね。「せっかく協力してやったのになんなのさ」って思われたらいや
だものね。でも，本当は，一人ひとりが一人ひとりの力を出せたことだけ
で，もう既に一人ひとりが幸せの種をもらえている。だから，いつも助け
てもらってばかりで申し訳ないなんて思わない方がいい。クラスの中での
気づかいは大事だけれど，余計な気をつかわなくても，それぞれの幸せを
ちゃんとかみしめ合えるなら，もっと素敵。一人ひとりの個性は，出会い
によって，思わぬ力を発揮します。出会いによって，生み出されるものは
無限です。

自己を見つめ始める時期に

　私たちはいつも周りと自分を比べて，優劣を考えてしまいます。
常に周りと比べて評価される世界にいるからです。中学生も例外で
はありません。自分のことをみすぼらしく感じ，劣等感にさいなま
れる生徒もいます。それは，真剣に自己と向き合っている表れです。
真剣に自己を見つめる時だからこそ，相手も自分もともに生きる世
界の存在に気づいてほしいと思います。相手との関係の中で，相手
も自分もともに生かされる世界があることに気づいた時，周りと比
べて苦しんでいた自分の狭さに目を開かれ，世界の見え方，自分自
身に対する捉え方が大きく変わるでしょう。自己を見つめ始めるこ
の時期に，世界の見方を少しでも広げてほしいと思うのです。

79

6月 気づかい合う

　梅雨に入って，しとしとと降り続く雨。心も湿りがちになります。生徒たちも新しい生活に慣れると，なれ合いになって，気がつけば自分のことばかりを優先させてしまい，甘えが出やすい時期です。それなのに，当の本人は，周りがわかってくれないと，心の中で相手を責めてしまうこともあるようです。子どもたちと一緒に自分を見つめ直すための，ブックコミュニケーションを始めましょう。

『思いやりのこころ』

木村耕一　編著
1万年堂出版（2007）

　雨が降り続いて，じめじめした日が続くと，気持ちまで湿りがちになってしまうね。そのせいか，本当は気持ちよく過ごしたいのに，自分のことばかり優先して，気づかいのないふるまいや言葉で周りをふりまわし，不快な空気を生じさせてしまっているのに，そのことに気づけず，周りがわかってくれないと，周りのせいにしてしまっていることはありませんか？
　こんなお話があります。
　昔，あるところに，地獄と極楽の見学に出掛けた男がいた。地獄に行ってみると昼食の時間，向かい合う食卓には豪華な料理が山盛りなのに，皆，ガリガリにやせこけている。手には1m以上の長い箸，ごちそうを自分の口に入れようとするけれど，できるはずもなく，イライラして怒り出す者もいる。隣の人が箸でつまんだ料理を奪おうとして，醜い争いが始まって

CHAPTER2　さあ，ブックコミュニケーションの時間です

いた。次に，極楽に向かうと，夕食の時間，料理は山海の珍味である。皆，ふくよかで，肌もつややかだなと思いながら，箸に目をやると，なんと手には地獄と同じ1m以上の箸が握られている。いったい，地獄と極楽はどこが違うのだろうか。男はますますわからなくなってしまった。

　極楽ではいったいどうしていたのでしょう。実は，お互いに長い箸でごちそうをはさむと「どうぞ」と言って，自分の向こう側の人に食べさせあっていたのです。そしてにこやかに会話が弾む中，楽しい食事をしていました。

　私たちは，知らぬ間に自分さえよければ，他人はどうでもよいという考えにとらわれてしまいます。自分の利益だけを求める，そんな人を「我利我利亡者」というそうです。

　なるほど，「がり」って，そういうことなのか。これまで先生は「がり勉の「がり」を，氷の粒を砕くみたいに鉛筆の先で紙にガリガリって書きつけるイメージで考えていました。でももしかしたら，自分のためだけの「我利」の勉強のことを「がり勉」っていうんじゃないかな。だとするなら，誰もが幸せになるための，いつか困っている人を助けられる人になるためにする勉強なら，人がなんてからかおうと，それは「がり勉」じゃない。わからなくて困った誰かのために自分のわかっていることを教えてあげる。逆にわからない時は，誰かがくれる考えのヒントをもらって，また自分でも誰かの力になるように勉強を進めていく。ごみを拾うことや人に親切にする時だけでなく，そういう思いやりの心が勉強時間にも育つ教室になればいいなぁ。

相手を思いやることは自分も大事にすること

　もし，誰もが「自分さえよければ」と考えたら，そこは，利益を奪い合う苦しみの世界となります。得る者と得られない者が生まれ，争いは果てしなく続き，恨みやねたみにまみれてしまいます。相手を思いやることは，自分自身を思いやること。それに気づいた時，思いやることの本当の値うちを知ることになるでしょう。

7月 ほどよい距離感

　1学期を過ごして，それぞれがなんとか自分の居場所を見つけだしている時期ですが，好きだからといって，ベタベタくっつきすぎると窮屈になって疲れます。逆に，気に入らないことがあって，距離をとり過ぎると淋しく落ち着かなくなります。この時期，友達との距離がうまくとれず，ストレスがたまって，悪口，陰口，無視といった悲しい行動につながることもあるようです。友達との関係を見つめ直したい時，ブックコミュニケーションをどうぞ。

『ハッピー・ハグ』

オーイン・マクラフリン　文
ポリー・ダンバー　絵
椎名かおる　訳
あすなろ書房（2019）

　突然ですが，皆さんは，「ヤマアラシのジレンマ」という言葉を聞いたことがありませんか？　これは，ショーペンハウアーという哲学者のたとえ話で，やまあらしの一群が，冷たい冬のある日，お互いの体温で凍えることを防ぐために，ぴったりくっつきあった。だが，まもなく互いのとげの痛さで，離れてしまう。でも温まる必要からまた寄り添う……こうして彼らはついに，ほどほどの間隔を置くことを工夫したというお話。なるほどなぁ～と思うけど，「ほどほどの間隔」を置いたんじゃ，やっぱり寒すぎるってこともある。自分の針で相手を傷つけるかもしれないし，他者の針で傷つけられるかもしれないけれど，遠慮なんかせずに，心のままにギュッとしたいって思うのはおかしいかな？

CHAPTER2　さあ，ブックコミュニケーションの時間です

中学校編

　ここに，『ハッピー・ハグ』という絵本があります。一人ぼっちでさみしがりやのハリネズミ君は「ねえ，ギュッとして」といろんな動物に頼みます。でも，どの動物もハリネズミのとげを恐れて体よく断ります。落胆しているところに，向こうから，同じようにしょんぼりしたカメさんがやってきます。二人は，二人にしかできないうれしいハグを経験します。

　この絵本は，右から読むカメさんの物語と，左から読むハリネズミ君の物語が，ちょうど本の真ん中のところで重なり合うようにできているんだけど，そのハッピーな出会いの姿をよーく見ると，わかることがある。それは，さびしさもがっかりも経験している二人だからこそ，ベターっとくっついたりしない。いつでも離れることができるように，相手を尊重した，やさしいハグ。これが，ハッピーハグなんだ。

　せっかく仲良くなれたこの友達とずっと一緒にいたい。その気持ちがあんまり強くなりすぎると，相手にもたれかかって，なんだかわからないうちに，苦しくなっちゃうこともある。相手も自分も心地よい出会いのために，突っ走りすぎないで，半分でもいいじゃないか。ゆっくり歩いていこう。

人間関係を積み重ねる

　ほどよい距離感を保つ力は，将来にわたって，生きる力となるでしょう。しかし，人間関係は本当に難しいものです。人はそれぞれが自分独自の世界に生き，受けとめ方も人それぞれです。人の感覚はそれぞれで微妙なもので，人間関係の間合いは，体験を通して身に付けていくしかないように感じます。親しい相手だからこそ，大切にしたい間柄だからこそ，ほどよい距離感を大切にすることも必要ですし，苦手な人と適度な距離を保ってかかわることも大切。

　友達の影響を受けて心が大きく揺れ動く中学生という時期ですから，理解されなかったり行き違いが生まれたりといったことはあるけれど，そこをくぐり抜けたからこその，自分も相手も心地よいという体験を積み重ねてほしいと思います。

8月 戦争を我がこととして

　1945年8月15日正午,昭和天皇が玉音放送によって日本政府がポツダム宣言を受諾したことを国民に公表しました。多くの犠牲を払った第二次世界大戦が終わりを迎えたのです。今,時代は昭和から平成を経て,令和へと移り変わっています。戦後生まれの人が多くなり,戦争体験は遠い過去のものとなって風化の一途をたどっています。だからこそ,折にふれて戦火の中を生きた人の姿と出会う機会を大切にしてほしいと思います。戦争とどう向き合うか,さぁ,ブックコミュニケーションの時間です。

『ぼんぼん　新装版』

今江祥智　著
理論社（2012）

　日本は,平成が初めて戦争のない時代です。それまでの長い時代,多くの人が戦地に赴き帰らぬ人となりました。今日紹介する本の作家,今江祥智さんは,自らの戦争体験に立ち返り,戦火の中を生きた子どもの目を通した戦争を描いています。娘の冬子さんにすいとんや空襲のことを尋ねられ,その問いに答えようと書き始められたそうですが,それはそのまま今を生きる皆さんへの贈り物にもなっています。
　あの日,突然,爆弾の落下音を聞き,その怖さを思い知らされた洋たち。軍隊,空襲,疎開,戦時に生きた子どもたちの姿や暮らし,その思いが,まるで再現されたようにリアルに描き出されていきます。

さて，先生が先生になって間もない頃，先生はあたりまえだけど今より
ずっと若くてね，生徒たちに「君たちを戦場に送る時代にしてはいけな
い」と，いろいろ平和の大切さについて熱く語っていました。するとある
時，一人の生徒が低い声でつぶやいたんです。「先生は，戦争をしてはい
けないっていうけど，僕らの教室にだって戦争はある」って。ドキっとし
ました。確かに「君たちは平和な時代に生きている」なんて，そんなに簡
単に言えることじゃないのかもしれないね。この教室の中にだって，先生
が気づいていないだけで，それぞれの利益が対立して争いが起こりそう
になったり，小さな行き違いが解決しないままにだんだん大きくなってき
ていることがあるのかもしれない。そうだとしたら，しんどいよなぁ。後
になって，そう，戦争が終わった後になって，何かもっと自分にできなか
ったのか，どうしてこんなことになったのか，と悔いても仕方がないんだ。
今何ができるか。戦争にいやおうなく巻き込まれ，理不尽な扱いを受けな
ければならなかった洋たちのような仲間を増やさないために，今この教室
で何ができるか，考えることをやめてはいけないんだと思う。それが，戦
火に生きた洋たちの，誰しも安心して生きていきたいという思いや願いを，
自分のこととして考えてみるってことなんじゃないかなぁ。

戦争のない未来のために

　　戦争は遠い過去のものとなりつつあります。戦争を体験された
方々から戦争体験を聞くことも次第にできなくなり，今を生きる中
学生にとって，戦争はますます実感できないものになっています。
　　一方，世界に目を向けてみれば，各地で紛争やテロが引き起こさ
れ，戦火はやむことなく，戦争の足音が近づいているように思えて
なりません。戦争によって紛争を解決しようとすれば，世界は破滅
に向かうことになるでしょう。だからこそ，目の前の争いや悲劇と
つなげる想像力をもって戦争を捉え，生きるということ。未来を生
きる中学生とともにそのことを今一度真剣に考える時間を大切にし
たいと思います。

9月 ともに作りあげる

　２学期が始まります。体育祭など，学校行事が目白押しのこの時期，ともに一つのものを作りあげていく喜びを味わうチャンスです。人との関わりの中でしか味わえない感動があること，仲間とともに活動したプロセスを通したからこそ味わえる感動を体験してほしいと願っている先生，さぁ，ブックコミュニケーションの時間です。

NHKブックス318
『法隆寺を支えた木』

西岡常一／小原二郎　著
日本放送出版協会（1978）

　体育祭の準備が始まります。楽しみにしている人，運動は苦手で少し心が重い人，気分はさまざまでしょう。でもね。せっかく取り組む行事なら，取り組みを通して，行事でしか味わえないことを感じ取ってほしいと思います。そのために今日は，法隆寺大工の先人たちが残してくれた口伝を紹介します。

　「塔組みは，木組み　　　木組みは，木のくせ組み
　　木のくせ組みは，人組み　人組みは，人の心組み」(p.35)

　この言葉は，みんなで一つのものを作りあげていく時に大切にすべきことを簡潔に述べています。
　一つの塔はたくさんの木を組んで作られます。木にはくせがあり，同じ種類の木でも，山のどのような場所に生えていたかによって，ねじれ，反

CHAPTER2 さあ，ブックコミュニケーションの時間です

中学校編

り，硬さ，柔らかさ，材質までさまざま。(p.61) 力のかかるところや軸部材には，風当たりの強い場所で育った，ねじれて節のある木を持って来て，材質がやわらかな木は造作材として使うそうです。(p.61)「右に反る木に，おなじ力で左に反る木を組み合わせれば，左右に働く力が釣り合って，塔がねじれたり，傾くことはありません。これが木組みの基本」(p.61) だそうです。規格品では決して生まれないこうした工夫が，千年の時を超えて日本最古の木造建築を支えてきたのです。

　体育祭の準備や練習をしていると，友達が自分の思うように動いてくれなくていらっとしたり，みんなで何か一つのことをやり遂げるなんて面倒と思うこともあるでしょう。そういう時，この本の木と付き合う秘訣を思い出してみたらどうかな。

　ここは，「〇年〇組」だよね。組だってことをもっと意識しよう。ただのチームじゃないんだ。一人ひとりがそのくせや特技をうまく生かしあって，ぴたりと合わさった時にできる深い味わい。「木組み」ならぬ「人組み」のおもしろさだよね。このクラスの一人ひとりは，とびきりの存在。その一人ひとりをうまく組み合わせるのは，簡単じゃない。だからこそ組み合わさった時，その先にきっと見事な「わが組」ができあがることを，先生は知っています。

結果よりもプロセスに感動する体験を

　ともに一つのものに向かって取り組んだ過程で得た感動は何ものにも代えがたく，結果の善し悪しが問題にならなくなるほど。よい結果であればともに喜び合い，うまくいかなければともに涙する。仲間がいてくれるからこそ味わえるこうした感動の体験には「よくするために一人ひとりを変えていく」のでなく「一人ひとりが生かされるように工夫することで，おのずとよくなっていく」という発想が必要な気がします。それができたら，どの子もその子らしくありながら，個に閉じこもることなく，人と関わりながら生きる力となっていくに違いありません。

世界とつながる

　日本を訪れる外国の方が増えています。また，AIの急速な進化に伴い，世界との距離が縮まって，まさにグローバルな時代を迎えています。スマートフォンで撮影した画像がSNSで一瞬のうちに世界中に拡散される，そんな時代，そんな社会を生きていく子どもたちに，世界の国々に生きる人々の暮らしや思いを知るきっかけをつくってみませんか。さぁ，ブックコミュニケーションの時間です。

『改訂版　日韓類似ことわざ辞典』

賈　恵京　著
白帝社（2007）

　今や，世界のどこかで起こったことが，日本に暮らす私たちにも大きな影響を与えるようになりました。誰も世界に無関心ではいられない。でも，世界に関心をもつって，いったいどんなことから始めればいいの？　と，首をかしげる人がこのクラスにもいるかもしれないね。
　そこで，先生が最近こっそり持ち歩いている本を教えちゃおう。はい，この本。（『日韓類似ことわざ辞典』をとりだす。）
　これをぱらぱらとめくっているだけで，日本と韓国の二つの国の間を行き来している気持ちになるよ。たとえばね，日本では二人のペースがうまく合うことを「息が合う」というよね。でも韓国では「腹が合う」という。感じる体の部分が違うみたいだね。それから，これさえあれば無敵だということを日本では「鬼に金棒」っていうけれど，韓国では「虎に翼」って

CHAPTER2 さあ，ブックコミュニケーションの時間です

中学校編

いうらしい。強い姿といっても，イメージがずいぶん違うね。また，ほんのちょっぴりのことを日本では「雀の涙」というけれど，韓国では「鳥の足の血」。同じ鳥の体内から出るものだけど一方は涙で，一方は血。この違いもおもしろいね。調べてみると，言葉の辞典の中にだって，その国のものの見方や文化が見え隠れしているんだ。

　知らないということは，自分の世界をすごく狭くしていること。知れば，外の世界にぐっと近づける。「面倒くさいや。そんなこと知ーらない」と横を向いて見ないふりをしていると，おもしろい世界に出会えなくて損をする。先生がこの辞典を持ち歩くようになったきっかけを話そうか。実は知り合いの韓国の人に「先生さま」って呼ばれて「そんな言い方恥ずかしいからやめて」と言ったら「なぜですか？　『先生』は職業を示す言葉。韓国では，先生のことを尊敬しますの気持ちで『さま』をつけます」と言われ，そうかそうなんだと，目から鱗が落ちました。自分の狭い知識や経験から「これはこういうものだ」と決めつけたり思い込んでしまったりすると，相手の大切な気持ちやせっかくつながるチャンスを逃してしまうんだなぁ，とね。

さまざまな国の文化を知ることから

　情報化社会が進み，もはや世界の動向を抜きにして未来を考えることはできない時代を迎えています。だからといって，大上段に構えて国際理解への後押しをするのでなく，「言葉の根っこをのぞく」ことから，異なりの背景に迫っていくのも一つの方法ではないでしょうか。

　ことわざの語源を眺め比べてみるだけでも，なるほど，お互い不安や悲しみが生活の根底にあって，国は違えど，ともに味わう喜びを求めていることが，よくわかります。そして，理屈を超えて肌感覚で「あぁ同じだなぁ」と，しみじみすることができます。違いより先に〈同じ〉を知ることが，世界とつながるきっかけになると思います。

弱さを受けとめて

2学期も半ばを過ぎ，クラスは，しだいに落ち着く頃でしょう。一方で，みんなが同じように感じるはずだ，そう感じなければならないのだという思い込みが，クラスに広がる時期。そこに落とし穴が隠れています。願いをもっているものの，思うようには動けない。人には弱さがあって当然ですが，仲間の弱さ，自分の弱さをどう受けとめていけばよいか，とまどいがクラスの中に起こっているなと感じたら，さぁ，ブックコミュニケーションの時間です。

・・・・・・・・・・・・・・・・・・・・・・・・・・・・・・・・・・・・

『新編　風の旅』

星野富弘　著
学研プラス（2009）

　先生の友達に四つ葉のクローバーの発見名人がいて，昔から，一緒にクローバー探しをすると，先生がまだ1本も見つけていない時にさっさと幸せの花束を作っちゃう。なんでそんなに早く見つけられるのか秘密を聞いたら，「人に踏みつけられるような場所に多いんだ」って教えてくれた。え？　なんで？　ってもう一度尋ねた。すると意外なことがわかったんです。なんと，クローバーの4枚目の葉っぱは，茎の先っぽの生長点が傷ついた時に，その傷から新しく生まれるらしい。傷つきから生まれたこの4枚目の葉っぱが，新しい幸福をもたらすんだね。
　さて，この表紙の絵を見てください。
　この絵を描いた星野富弘さんは，中学校の体育の先生でしたが，クラブ

CHAPTER2　さあ，ブックコミュニケーションの時間です

活動の指導中の大けがによって，手足の自由を失ってしまいました。その後，星野さんは，ふとしたきっかけから口に絵筆をくわえて詩と画を描き始めます。たとえば，この絵を見てください。（ゆっくりと，星野さんが描いたれんぎょうの絵を見せる。）

　小さな山吹色のレンギョウの花たちがどれもこれも美しいね。この可憐な花を咲かせる樹を見つめながら，星野さんは，傷を負ったその場所から，他者のやさしさがしみてくるのだという気づきを短い詩の言葉で綴っています。

　皆さん，心に傷がありますか？　まったくないという人は多分いないよね。その傷口は，自分を他の人と違ってダメなやつだと閉じてしまう危険性をもっているけれど，星野さんのように考えれば，自分とは違う仲間をすっと受け入れる入り口にもなる。無理しなくていい。傷を隠さなくていい。みんなと同じように感動しなくちゃ受け入れられない，と頑なになる必要はもうこのクラスにはないと先生は思う。

弱さはやさしさがしみいる入口

　文化祭などみんなで一つのことに向かう行事に取り組む時，頑張っているからこそ，人の弱さが目に付くことがある。その弱さを傷として責めたり排除しない。同じように，誰にも言えない自分の内側の傷のことも，ドキドキしながら隠さなくていい。見せかけのつながりを超えた本当のつながりを育てていくための大事なレッスンとして，他者の弱さにも自分の弱さにも向き合ってもらいたい。一つのことに，クラスが団結して取り組む時，モチベーションの差が生まれるのは当然なのに，みんなと同じように取り組めない子に不信感をもったり，責める気持ちが現れたり。あるいはそういう自分の心の狭さ，弱さに気づいて苦しんだりもするものです。そんな時，その弱さに寄り添う心づかいと出会ったら，その先へ一歩踏み出す勇気も自然に湧いてくるのではないでしょうか。弱さを認め合う体験が，生徒の歩む一つずつのプロセスの中で，できますように。

12月 あさましい心に向き合う

　クリスマスや年末をひかえて，気ぜわしくなり，うかれた気持ちになりやすく，心にすきができやすい時です。この時期の中学生は，自分を認めてほしいという欲求が強くなり，思うように心が満たされず，悶々とした不安定な気持ちで過ごすことも少なくありません。満たされない気持ちを解消しようとして，からかいの対象や不満の矛先を見つけて，人間関係を保とうとすることもあるでしょう。そんな様子が気になったら，ブックコミュニケーションの時間です。

・・・

『ぞうきん』

河野進　著
幻冬舎（2013）

　先週末，先生がコンビニ弁当を買いに出かけた帰り道，歩道にクリームパンの空き袋が落ちていました。でも，その空き袋を拾いませんでした。クリーン大作戦をやっている時だったら，生徒のみんなが見ている前だったら，すかさず拾っていただろうけれど，そうはしなかった。家に帰って，手を洗いながら鏡に映っている自分の顔を見て，いやーな気持ちになりました。4月，みんなと一緒に丁寧に生きようと心に決めたはずなのに，いつのまにか雑になってしまっている日常に愕然。そして，牧師の河野進さんが，どんな不幸の中にあっても，吸う息から吐く息までの間に感謝の気持ちを整えるようにと伝えていたことを思い出しました。(そして，「ぞうきん」の詩を読む。)

CHAPTER2　さあ，ブックコミュニケーションの時間です

中学校編

　わかっているはずなのに，「恵みの呼吸」を忘れて，先生は，あさまし
い暗い息を吐いている自分が恥ずかしくてたまらなくなりました。簡単な
短い言葉が深く心に突き刺さります。どうせ何にもできないちっぽけな自
分だと思っていても，実は，吸う息から吐く息までのほんの短い間にもこ
んなに大事な「行い」をするチャンスがある。大事な行い……とは？

　河野牧師は，雑巾で顔は拭けずハンカチで足は拭けない。それは用途が
違うだけで尊さに変わりはない，とも詩の中で語っています。だから，ひ
がまず，驕り高ぶらず，感謝の気持ちで一日ずつを過ごしていくことこそ
が「行い」の基本なんじゃないかと先生は改めて思いました。

　よし，この「行い」を重ねていけばいいんだと自分に言いきかせたら，
反省だらけの情けない自分を生かしていく今日が少しだけ明るく見えてき
ました。それで，一つ大きく息を吸って吐いて，この教室のドアを開けま
した。

あさましい姿と向き合う

　うまくものごとが運んでいる時，心の内には，ちょっとしたうぬ
ぼれが湧き起こりがちです。世の中の雰囲気がうかれている時であ
れば，なおさらでしょう。こんなにしたのにどうして認めてくれな
いのかなどと，うぬぼれた心が満たされない時，その気持ちを晴ら
そうとして，知らぬ間に周りを道具に使ってしまったりもするので
す。中学生になれば，しくじった場面を通して，そんな自分のあさ
ましい姿と真剣に向き合うことができるようになります。

　こわいのは，気ぜわしさに押し流されて，そのしくじりを上手に
ごまかし，見て見ぬふりをする心です。この1年の節目の時期，ほ
っと一息ついた隙間に，そういう浮わついたものが，ぬうっと顔を
出してしまいがちです。教師も生徒もそのこわさは，一緒です。急
ぎたい時だからこそ，立ち止まって，もう一度息を整え新しい年を
迎えたいですね。

種をまく

　新しい年を迎え，新たな気持ちでものごとに向かうよい機会です。ものごとがうまく進んでいる生徒，思うように進んでいない生徒，状況はさまざまでしょう。ものごとの結果は種まきしだい，これまでにどんな種をまいてきたか，その結果があらわれます。

　これまでの取り組みを振り返り，これからどうしていくか，子どもたちと一緒に今一度考えたいなと思っている先生，さぁ，ブックコミュニケーションの時間です。

『木を植えた男』

ジャン・ジオノ　作
フレデリック・バック　絵
寺岡 襄 訳
あすなろ書房（1989）

　新しい年を迎えましたね。今年最初に紹介するのは，種まきについてのお話です。

　フランスのプロヴァンス地方の荒れ地に，たった一人で木を植えた男がいました。水の涸れ果てたほとんど不毛なその土地に，男は一日に100粒のどんぐりを一つ一つ植え続けたのです。3年で10万個のカシワの種を植え，そのうち2万個が芽を出しましたが，その半分近くが，やがてだめになると見込んでいました。それでも残る1万本のカシワの木が根づいたのです。10年後には，カシワの林ができました。カシワの森は水をたくわえ，川には水がたたえられました。男が植えた1万本のカエデの苗が全滅

し，絶望のふちに立たされたこともありましたが，男は再びブナの木を植え始めました。30年の時を経て，廃墟と化していた村は緑豊かな村となり，荒れ地は菜園や耕地に生まれ変わりました。一つ，また一つと村々が再興され，1万を越える人が生活を楽しむ土地となったのです。

まいた種は正直です。機が熟せば，何かをもたらします。先生は昔，生徒と一緒におもしろい実験をしたことがあります。靴の上から古い靴下をはいて，野原を散歩。散歩から戻ってきて，その靴下を植木鉢に植えたのです。しばらくすると，自分の歩いてきた道で出会い，靴下にくっついてきた草花の種がやがて芽を出しました。友達と一緒に歩いても，友達の植木鉢から出てくる草の芽は自分と一緒じゃない。それにね，必ず芽が出るとも限らない。待っても待っても芽が出ずに，代わりにキノコみたいな菌類がにょっきり生えてきた植木鉢もありました。でもね，はっきりわかったのは，歩いていない道に咲く花や草は絶対に芽吹かないってこと。あたりまえのことだけど，ハッとしました。このクラスのみんなが，それぞれ大事に自分の心の野原を歩いて，歩いた分だけ種まきをしていく。それが，きっと未来の実りにつながっていくと思うんだ。わくわくするなぁ。今年もそんな未来につながる種まきの1年にしていこうね。

節目に，これまでの自分を振り返る

折々の節目に，自らのまいた種を見つめる時間をもちたいものです。私たちは，手にした結果に一喜一憂し，その結果をもたらしたものを見つめることを忘れてしまいがちです。思うような結果が得られない時，不満ばかりが心に湧きたつものです。その時，自分のまいた種に目を向け，新たな種まきをどうするか，考えられる人になってほしいと思います。種はいつ実るかわかりません。まいた種がすべて実るとも限りません。それでも，種をまき続け，自分のまいた種を信じ，未来に向かってほしいと願います。これは，子どもたちだけでなく，子どもたちと関わっていく私たちも同じです。毎年新しい種をまき続けていきましょう。

明日はきっと

　中学生は身体的な成長が著しい時です。精神的な成長が伴わず，不安定な状態になりやすい時でもあるでしょう。ささいなことでも心が大きく揺れ動いたり，縛られたと感じて社会や大人にわけもなく反抗したい気持ちが湧き起こったりします。かといって，放り出されてしまうのは不安で不安でしかたない。自分の感情が自分でコントロールできなくなってしまうのです。それは成長のプロセスとして自然なことですが，そんな心でいるために，ちょっとしたできごとで張りつめた心が爆発してしまいそうになることがあります。そんな時，さぁ，ブックコミュニケーションの時間です。

『いつかはきっと…』

シャーロット・ゾロトフ　文
アーノルド・ローベル　絵
矢川澄子　訳
ほるぷ出版（1975）

　よくわからないけれど，感情が揺れ動いてしまうことはありませんか。後になってみると，どうしてあんなことをしてしまったのか，どうしてあんなことを言ってしまったのか，自分でもよくわからない。けれども，その時は，そうしないではいられなかった，そう言わずにはいられなかったってことは誰だって，あるでしょう。それは大きくなっていく途中の君たちには自然なこと。でも，風船のように張りつめた心のままでいると，ささいなことでその風船が割れてしまう。その前に，とっておきの秘密の言葉を教えちゃう。それはね，「いつかはきっと…」です。

CHAPTER2　さあ，ブックコミュニケーションの時間です

中学校編

（『いつかはきっと…』を数頁読む。）

　どうですか？　この主人公の女の子が「素敵ないつか」を夢見ているのは「素敵じゃない今」があるからなんだよね。いつかは，おにいちゃんに「ぼくの妹です」って紹介されるって夢見るのは，今全然相手にしてもらえないからだし，いつかはみんなの前で先生にほめられるっていうのも，今は叱られてばかりだから見られる夢なんだ。そしてもう一つ大事なことを，この絵本は教えてくれている。ほら，もう一度この内扉の絵をよーく見てください。（と言って，扉絵をみんなに見せる。）

　この主人公の女の子は，SOMEDAY という自分の木を，自分で運んできた手押し車の中のガーデニング道具を使ってちゃんと耕し，水もちゃんと自分であげている。自分の将来（SOMEDAY）は，他人まかせにしても育たない。何をやっても今はうまくいかないかもしれないけれど，そういう今の自分をあきらめずに，自分で育てていくものなんだね。そうして，ふと周囲を眺めれば，みんなも同じように，自分の木を精いっぱい育てている。一人じゃないんだよ。

自分の心を潤すことができるように

　身体的にぐっと大きくなる自分に，心の成長がついていかず，待ってよ待ってと，自分を追いかけるつらさに押しつぶされそうになったり，自分が自分に置いてけぼりにあっているような孤独感に襲われることが，きっとクラスのどの子にもあるはずです。そんな心のつらさにちゃんと共感し，何とかしたいという気持ちはやまやまですが，共感のところまでで，ぐっと押しとどまるのも大事です。思い通りにならない時こそ自分育てのチャンスなのだと，子どもたちにわからせてあげてほしい。張り詰めた心がぱーんとはじけそうになっても，やけにならなくていいよと，余裕をもって見守ってあげてほしい。そして，彼らが自分で自分の心に水やりをすることができるよう，教室の中では，せめて汲もうと思えば好きなだけ汲める豊かな水源を絶やさずにいたいものです。

3月 別れのとき

　1年間のしめくくりの時です。ずっと一緒に過ごしてきた仲間との出会いに感謝し，胸をはって別れの場面を大切にしていきたいものです。
　しめっぽくならずに，さよならをと願う先生，さぁ，ブックコミュニケーションの時間です。

『置かれた場所で咲きなさい』

渡辺和子　著
幻冬舎（2012）

　このクラスもそろそろしめくくり。まだまだこのクラスの仲間と一緒にいたい？　それとも，早く新しい友達に出会いたい？
　1年前，この教室でみんなと顔を合わせた時，今のこの教室の様子が想像できましたか？　もう君たちは，1年前と同じじゃない。そして，次にやってくる新しい出会いも，また時が経てば，違うものに変わっていく。だからね，今という時間にしがみつくのも，今を忘れて先へ先へと気持ちを走らせてしまうのもちょっと違うと先生は思う。この本を書いた渡辺和子さんは，あなたが今置かれているその場所で，気負うことなくあなたらしく咲きなさいと語りかけています。そして，あなたらしく咲くためにはいつもその置かれた場所で，自ら判断して，その判断に基づいて選択，決断して，その決断したことに対しては責任をとることが大切だと言います。
　ヒマラヤの高地にはセイタカダイオウという不思議な花が咲きます。陽

CHAPTER2　さあ，ブックコミュニケーションの時間です

の光がほとんど当たらないヒマラヤのような厳しい条件の場所では植物はほとんど育たないし，育っても背丈を低くし，わずかな夏の間に急いで咲く。なのに，セイタカダイオウだけは，7年も8年もかけて1.5m近くの背丈まで伸びていく。どんな姿か，ちょっと見せようね。（と言って，セイタカダイオウの写真*を見せる。）

　普通に考えれば〈なんでそんな咲き方をするの？〉ってことになる。けれど，このせいたかのっぽの花は「苞葉」という自分の葉っぱで温室を作り，その温室の中で花を育てる。雨風から守り，虫たちを招き入れる。他の植物と違う生き方を選んだセイタカダイオウは，自分で決めて自分で行動し，自分で責任をとっているんだ。「置かれた場所に咲きなさい」は，自分に誇りをもち，そのための努力を惜しまない覚悟があれば，どんな咲き方でも構わないというエールなのかもしれません。先生もみんなが色とりどりの自由な花を咲かせてくれるよう，いつでも応援しています。

*『せいたかだいおう』（かがくのとも 2002年8月号，福音館書店）

出会いに感謝

　振り返ればいろいろあった1年間。なんとかみんなとうまくやっていきたくて，最初のうちは，ぶつかることを恐れ，気づかいで他人をかえって傷つけたり，同じように自分が深く傷ついたり……そんな失敗も繰り返しながら，ようやくまるごと認め合う場がつくれたかなと思ったら，もう別れが目の前に。でも別れによって，これまで積み上げてきたものが消えるわけじゃない。共に認め合う関係をつくりあげた自信がゼロ地点に再び立つ勇気をくれます。別れの場を大切にする人は，出会いを大切にする人です。別れの場は出会いに感謝する場だからです。一人格に育ってくれた子どもたちをまぶしい思いで，見送りたいものです。

■すべてをこの瞬間につなげて

　小学校編・中学校編それぞれのブックコミュニケーション例を読んで，どんな風に感じましたか？　小学校編では，写真集とか地図とか，ヨガの本まであって，ずいぶん守備範囲が広いんだなぁとか，中学校編では絵本なんかも結構使うんだなぁ，と意外に思われたかもしれません。この意外性も実は子どもたちとのブックコミュニケーションで大事なのです。

　残念ながら，学年が進むにつれ「〜とはこういうもんだ」とタカを括る癖がついてしまい，まっさらな気持ちで耳を傾けてくれれば沁みこんでいく言葉も，「慣れ」の壁に阻まれ，胸の奥まで届かないことがしばしばです。ですから，いじめの問題を考えてほしいからといって，いじめをテーマにした物語を手渡したり，平和について考えたいからといって，戦争の悲惨さを語った物語を紹介するという直接的な結びつけを考えるのでなく，日頃から先生自身がいろんなジャンルの本を楽しみ，「あ，これっていじめにも通じるな」とか，「なるほど，この絵をよく見れば，ここにこんなメッセージを読み取ることだってできるぞ」という風に，リアルな気づきを教室の子どもたちへの語りにつなげてほしいのです。

　言い換えれば，「心のかたわらにいつも子どもを置く」ということであり，「教室を離れた時間にそっと子どもたちに語りかける」ということでしょう。そうした途切れない先生方の心の傾け方が，子どもたちとの信頼に満ちたコミュニケーションを生むのだと思います。

　本書の最後にあげたテーマ別のブックリスト（pp.121〜127）は，そのテーマで描かれた本とは限りません。わざと少し揺れ幅のある，先生それぞれの思いによってテーマにひきつけることが可能な選書を心がけました。いつも主役は，目の前にいる子どもたちと一緒に紡ぐ「今この瞬間」なのですから。

CHAPTER 3

ブックコミュニケーションの
さまざまなかたち

小中学校を中心に，さまざまなかたちで実践されたブックコミュニケーションを紹介します。紹介する実践は，いわばブックコミュニケーションのアレンジ版です。それぞれの先生の立場や持ち味に合わせ，自由にやり方を工夫したブックコミュニケーションが展開されています。CHAPTER 2で紹介した本や例をベースに実践したものや，「私はこんな感じでやってみよう」と，選ぶ本も語りもオリジナルで挑戦したものもあります。

　一つ一つの報告の中に，これまでとは違う教室や図書室でのコミュニケーションの可能性がみえてきて，うれしくなります。

■ベテラン先生によるブックコミュニケーション〈小学校〉

　はじめに紹介するのは，長い間読書活動を学級経営の柱としてきたＡ先生の実践です。日頃から行っている読み聞かせに加えて，ブックコミュニケーションに取り組んだものです。子どもたちとの何気ない対話を重視し，楽しい時間をつくることを意識して実践されています。

雨が降った日に

　天気が急に悪くなり，雷がごろごろ鳴って，昼間なのに暗くなってきました。こんな日，子どもたちはむしゃくしゃしています。昼休みに運動場で遊べないのですから。こんな日は先生もむしゃくしゃしてきます。必ず教室の中でけんかが起こり，その仲裁をしなくてはならないのですから。雨はだんだんひどくなり，ジメジメムシムシして，みんなのイライラ感がたまっていきます。こんな時，誰かが何か一言文句を言おうものなら，すぐに大げんか勃発……。

　そこで，『ゆうだち』（偕成社）を読むことにしました。トリニダード・トバゴ共和国に伝わる民話「ヤギとライオン」をもとにしたお話です。舞台は日本の南の島。急な夕立にあい，オオカミの家で雨宿りをすることになったヤギ。そこでオオカミの歌を聞いてしまいます。私はで

102

きるだけ，ゆっくり低い声でオオカミの歌を歌いました。子どもたちは
「まずいぞ！　オオカミに食べられちゃう」とドキドキ。ところが，ヤ
ギは怖い気持ちを押し隠し，努めて平静を装いながら何食わぬ顔で三味
線を弾き始めます。〈♪ゆうだちがきたらおかしくなる　むしゃくしゃ
して変になる♪〉

　さっきまで外で遊べないと言ってむしゃくしゃしていた子どもたちか
らくすっと笑い声がもれます。激しく降る雨の中，ヤギがだんだん狂気
じみていき，歌はどんどんエスカレート。子どもたちはゴクリと息を
のみつつも，「今度はオオカミ何匹食べられるんだろう？」とワクワク。
本を読んでいる私もヤギが乗り移ったかのように熱を帯び，クライマッ
クスでは100匹のオオカミを食べる歌〈♪ゆうだちが〜きたらぁ〜〉
を全員で大熱唱。子どもたちのテンションも最高潮に。やがて雨がやみ，
島に日常が戻るシーンになると，そこで張りつめていた緊張感もほどけ，
子どもたちはふうっとひと息。南の島から現実にゆるゆると戻っていく
ような顔をしていました。

　ヤギがオオカミを食べてしまうなんてナンセンスですが，物語から同
じ熱量を感じ取った私と子どもたちはしばらく現実とお話の世界を行っ
たり来たりして，余韻を楽しみました。昼休み，雨で外に出られません
でしたが，子どもたちも教師の私もなんだかわくわく。「先生，もしか
したら教室にヤギが来るかもよ」「あ，そしたら一緒にオオカミやっつ
けられるかも」「もう1回歌ったら絶対1000匹になっていたね」「先生，
ぼくが1000匹の歌，歌ってあげようか？」こんなふうに物語を共有し
たクラスの子どもたちの間で空想遊びが続きました。

ブックコミュニケーションを終えて……

　憂鬱な雨の日がブックコミュニケーションで特別な一日になりました。
今でもざあざあ雨が降るたびに，♪ゆうだちがきたら〜　と歌い出す子
どもがいます。すると♪むしゃくしゃしてへんになる〜　と続けて歌い
出す子どもが現れます。そして一緒にくすっと笑います。普段はあまり

会話しないクラスメイト同士でも，です。雨の日に一緒に読んだ『ゆうだち』は，私にとっても子どもたちにとっても，仲間意識を高める特別な1冊になりました。

　楽しい本を読んで，楽しい気持ちになる。クラスの仲間だからこそ共有できる素敵な時間です。叱られることもなく，何かを求められるわけでもなく，ただ一緒にお話を楽しむ時間。先生である私と子どもが同じ目線で楽しむ時間は学校現場ではありそうでない特別な時間かもしれません。

- -

　クラスの秘密の合言葉が，一緒に読みあった本の中から自然に生まれるとは，なんて魅惑的な出来事でしょう。そして，「合言葉を決めよう」などと誰も先導しないのに，自然にそれが生まれたという体験が教育活動の余裕でもあり，ブックコミュニケーションの成果でもありますね。すぐに生活の役に立つことではないけれど，後からじわじわ沁みてくる生きることの味わいは，こうした「みんなで楽しんだ時間の記憶」から生まれるもののように思います。絵本を通じた共通体験では，言葉と言葉の隙間にもコミュニケーションが存在すると考えます。

■新人先生によるブックコミュニケーション〈小学校〉

　次に紹介するのは，小学校教員歴のまだ浅いB先生が取り組んだブックコミュニケーションの実践です。CHAPTER 2で紹介したブックコミュニケーション例から，クラスの状況を念頭に1冊選び，自分なりにアレンジして取り組んだものです。

「なかまはずれ」ってどういうこと？ ──────

　5時間目が14時40分に終了し，15時にスタートする放課後学習時間までの，隙間時間でブックコミュニケーションを実践しました。その

CHAPTER3　ブックコミュニケーションのさまざまなかたち

日は，情緒学級，知的学級在籍の児童も放課後学習を一緒に受けるため，4年生全員（21名）で集まることができました。

　選んだ絵本は『はじめてであう　すうがくの絵本１』（本書p.21参照）。この絵本を選んだ理由は，教師や保護者が「なかまはずれはいけません」とよく口にすることもあり，子どもたちが「なかまはずれ」という言葉にとても敏感になっていたからです。「なかまはずれはいけない」ということが，言葉としてだけ子どもたちを縛っているように感じていました。その一方で友達と自分を比較し，できる・できないなどを感じ始め，自己肯定感が低下したり，友達と違うことを気にし始めているようにも思いました。そこで，数学の概念からアプローチする絵本から，「数学のなかまはずれ」は，性質が異なること，その異なりは悪いことではないことが，少しでも伝わってくれたら，子どもたちの悩む心を軽くできるかもしれないと考えました。

　子どもたちに「なかまはずれはどんな言葉？」と尋ねると，「いけない。ひとりぼっち。かわいそう。差別。人権がない」など，子どもたちが口々に答えました。ここで，『はじめてであう　すうがくの本１』を紹介すると，子どもたちは，数学という言葉で「えーーー」「めんどくさい」「いやだー」など，予想通りの反応を示しました。

　絵本の頁をめくっていき，あひるときつねの場面になると，子どもたちは，「小さいのがなかまはずれ」「黄色いのがなかまはずれ」「下の」などさまざまな答えを出し，きつねがなかまはずれだという答えに納得していない子どももいました。

　さらに一緒に読み進めていくと，仲間はずれが「あったーーーーー」と自然に声をそろえて言うようになりました。楽しそうに自分の考えをつぶやいたり，友だちと言い合ったりする様子も見られました。

　放課後時間がせまってきたので，途中までしか読めませんでしたが，「数学のなかまはずれはどうだった？」と尋ねると，「遊んでるみたい」「いじわるじゃない」「人間のとは違う」などの感想があがり，最初「数学＝いやだ」と言った時の子どもたちの表情とはまったく違いました。

教師の立場として,「いじめはだめ」を強調したくないけれど,伝えておきたいという葛藤が生まれましたが,子どもの「人間のとは違う」という言葉を聞いて,伝えなくていいかな,と思いました。子どもたちから「遊びたい」という言葉がでたので,「置いておくから遊んで」と言って,ブックコミュニケーションの時間を終了しました。

　実施後1週間,教室の後ろにあるロッカーの上に絵本を置いておくと,一人で読む子や,席がとなりの子と一緒に楽しむ子も見られました。普段,何を読めばいいかわからず,学級文庫を眺めているだけの子が,となりにいた子がこの絵本を見ていると,はじめはのぞき込むだけでしたが,いつの間にか一緒になかまはずれを考えていました。

ブックコミュニケーションを終えて……

　「なかまはずれ」という言葉がおもしろ半分に広がり,なかまはずれ（いじめの性質の）を助長してしまったらどうしようと不安もありました。また,人間関係で傷ついている児童がいて,傷つけた児童にその日の給食終了後に指導をしており,絵本の内容が被りすぎていて「お説教の絵本」になってしまわないかという危惧もありました。けれど,それは杞憂でした。今回のブックコミュニケーションの中で子どもたちから発信されたつぶやきを拾ってみると,さまざまな感じ方や考え,子どもなりの理論（行動の理由）が,いくつも生まれていて,もっと子どもたちの思いを受けとめるべきだなと痛感しました。子どもを信じて見守る勇気をもちたいです。

　ブックコミュニケーションの実践をして,素直に「やっぱり絵本を一緒に楽しむのって楽しい」と感じました。『はじめてであう　すうがくの本1』のように,自由に思ったことを口に出してみんなで共有する絵本もこれから読んでいきたい。その場を共有できたらいいなと思っています。

———————————————————————————

　新人の先生が,この絵本でブックコミュニケーションに挑戦することはずいぶん勇気のいることだったと思います。一つ間違えれば「なかまはず

れ」という言葉だけが強調され，悪ふざけを誘発しないとも限らないからです。でも，実践に至るまでの丁寧にはぐくまれた教室内の信頼関係が，子どもたち自身の深い洞察につながったと思います。「仲良くしてね。なかまはずれはしてはいけない」と先生が言葉にして教え込まなくても，「一人ひとりが大事なこのクラスの一員」という揺るがない先生の思いがあれば，子どもたちのコミュニケーションはおかしな方向には流れていかないものです。そして，今日のブックコミュニケーションを通して，いつもいつも集団の全員が同じ方向を向いて同じことをしていなくてもいいんだ。自分は違うなと思ったことは，一人でも堂々としていていいんだ，胸を張って一人で立つことも素敵なんだということを，先生も子どもたちと一緒に確認できたのではないでしょうか。

■学校司書によるブックコミュニケーション〈小学校〉

　学校司書のC先生が実践した，小学校の低学年，中学年，高学年のブックコミュニケーションの報告です。日頃行っている読み聞かせの活動に加えて実践したところ，読み聞かせとは違う子どもたちの反応があったといいます。

大家族の一人ひとりは，何してる？〈低学年〉 ─────

　「皆さんは，何人きょうだいですか？　きょうだいが多いといいなぁと思ったことはない？　私は，妹と二人きょうだいだったので，小学校の時，お手伝いも遊びもなにをする時にも，いつももっと人数がいたらなぁと思ってました。(『14ひきのシリーズ』(童心社)の絵本を見せて)このねずみさん家は，なんと14人家族なんだって！　きょうだい10ぴきに，おじいちゃんおばあちゃんも一緒に暮らしているらしいよ。14ひきの家族が，それぞれどんなことしてるのか，本を開いてのぞいてみようね！」と言って，二人に1冊ずつ『14ひきのシリーズ』を配布。

「お友達と相談してもいいよ。『誰が，何をしていたか』『誰と誰が一緒に，何をしていたか』見つけたら，教えてね！」と言うと，「誰が誰だかわからない」という声がでたので，表紙，裏表紙を見て，服や相対的な体格や顔つきなどで推測する技を授けました。

「では，たくさん見つけた中で，一つ教えてください。二人で，どっちが話すか，どんなことを話すか相談して決めてくださいね」と言って，順に発表してもらうと，次々に自分と家族のエピソードを，話してくれました。実施前には「皆さんのおうちの家族は，朝起きてから寝るまでの間や，お休みの日，『何をしてる』かな？　思い出せる人がいたら，ぜひ話してくれないかな？」という働きかけを行う予定でしたが，それは必要ないほどでした。

子どもたちは，おじいちゃんと釣りに行ったこと，小さい妹の着替えを手伝ったこと，お母さんと一緒に料理を作ったこと，14ひきに自らを重ねたいろいろな思い出をたくさん聞かせてくれました。

ブックコミュニケーションを終えて……

『14ひきのシリーズ』といえば，その繊細な自然描写の美しさが真骨頂ですが，低学年の図書授業ではそれらを含めて1頁1頁を丁寧に楽しんでいくことが大事だと考え，上のような取り組みをしました。

その結果，自分と家族にまつわるさまざまなエピソードのやりとりが副産物的に実現し，結果として自分を語り，お互いをよく知るための素敵なコミュニケーションが成立したように思います。2年生で取り組む場合には，思い出を自由に書きだしてもらうのもいいと思いました。

- -

『14ひきのシリーズ』でのブックコミュニケーションは，1冊ではなくシリーズを通して主人公であるねずみたち大家族の日常を受けとめることで，無理に聞き出さなくても，子どもたち同士が自分の家族を語りだし，それを聴きあう時間と空間が生まれたことが素晴らしいと思います。

この絵本は，細やかに繊細に，ネズミたちの世界に入り込んでいく楽し

CHAPTER3　ブックコミュニケーションのさまざまなかたち

さがある反面，読み聞かせではその小さき世界をたっぷりと楽しみあうことが難しかったりもします。ブックコミュニケーションでは，こんな風にみんなで思う存分描かれた世界に入り込んで，互いが思いを伝え合うことまでできるのですね。

やさしいって，どんなこと？〈中学年〉 ──────────────

　「この小学校では，大きい学年のみんなが，下学年のみんなにいろいろな場面で穏やかに接したり，親切にしている場面をよく見ますよ。そんな時，『やさしいなぁ』と私は感じるんだけど，今日は『本当のやさしさ』について，いつもより深く考えてみたくなる絵本を紹介したいと思います」と言って，『ひとりひとりのやさしさ』（本書p.28参照）を読み語り。

　読み語りを聴く子どもたちが，途中何度も何か言いたそうな表情になったので，読後，「何か感じたことを話したい人がいますか？」と尋ねると，何人もの手が挙がりました。

　「転校生，かわいそうだった」「いやな気持ちだったと思う」「ひどいなって腹立った」という感情を素直に表現した意見の中，「あだなってなんですか？」という質問もありました。

　「あだなは，別の呼び方のこと。たとえばね，ゆりなちゃんをゆっちゃんって呼んだり。ただ，あだなをつける時に，とても大切な約束がある。それは，本人が『その呼び方で呼んでいいよ』って許可してくれること。『ゆっちゃんって短くされるのは嫌だよ』とゆりなちゃんが言ったら，その呼び方は絶対使っちゃダメ」と説明すると，子どもたちは大きくうなずきました。「それじゃあ，こっそり言っちゃダメじゃ」「いやな名前は絶対いけん」と，本人のいないところで〈ふるものや〉と呼ぶあだなの残酷さをしっかり感じ取っているようでした。

　続いて，面と向かってひどい言葉を投げたわけでなく暴力が介在したわけでもない，それでもマヤに対する態度がよくないと，読者の子どもたちが感じた理由を掘り下げて聞いていきました。

109

「無視じゃが」「みんななかまはずれにしてる」……口々に話す友達の考えを聞きながら、いろんなことに思いが及んでいたのでしょう。「悲しそうじゃった」とつぶやいた子どもがいたので、「マヤが悲しいと口に出した場面はなかったけれど……」と言いながら、もう一度マヤの表情のわかるページを見せました。「あたしたちはいつもことわった」と書かれたページに来た時、自分なら誘ってあげる、ひとりぼっちにさせないという意見が次々自然発生的に出ました。

この後、絵本の中でアルバート先生が「やさしくしてあげたこと」を聞いた場面を、みんなで再現しました。円になって座った子どもたちは、真ん中に水の張った洗いおけがあるかのように真剣な顔つきで凝視しています。心に広がっていくさざなみが見えているようです。冷たい天然石をひとつ、話者になる子へと回しながら、それぞれの記憶を話していきました。そこで、語られたことは、家族への親切や気づかいが多くありました。

ブックコミュニケーションを終えて……

読み語りの際、「つぎのひ、マヤの　せきは　からっぽだった。」の後に、十分すぎるほどの相当長い間を、意識的に設けてみました。この事実について、それぞれがさまざまに思いを巡らせることができるようにと考えたからです。

また留意することとして、子どもの思いを聞き取る時、「手を挙げて発表しましょう」という促しはしないようにしました。「感想を言いましょう」という言い回しもご法度にしています。ブックコミュニケーションでは、「つぶやきをすくい上げる」という方向がふさわしいと思うからです。「つけたい力」云々は、主目的ではなく、そんな中でこそ子どもの心からの思いを聞き出すことができると再確認しました。

‒ ‒

ブックコミュニケーションの時間自体が、通常の時間の流れから解き放たれてゆっくりと流れていくのを、報告から感じました。子どもたちが物

語の場面と同じように円座になって，自分たちの心の内側をのぞいてみることが，先生の見守りの中でごく自然にできたこと，すごいなぁと，震えるような感動をおぼえました。確かに，一人ひとりの子どもたちの胸の奥には深い泉があって，たった一つの小石が落ちていくだけで，繰り返し重ねられるさざなみが起こっていることを，子どもたち自身が無言で感じあえるひとときが保障されることも，ブックコミュニケーションの魅力の一つです。

世界の未来のために，知っておきたいこと〈高学年〉 ━━━━━

　「今日紹介する『世界でいちばん貧しい大統領のスピーチ』（汐文社）の表紙にいる人は，南米ウルグアイという国の大統領ムヒカさんです。『環境が悪化した地球の未来』を考える会議で行った演説を，私たちも絵本を開いて聴いてみましょう。」

　ムヒカさんになったつもりで，恥ずかしさを捨て，演説らしく堂々と読み語りました。

　「ムヒカさんの演説を聴いて，共感できると思った人は？」と尋ねると，手がすぐに挙がりました。

　「どんなところが？」の問いかけに，「環境の危機ではない，私たちの生き方の危機というところ」という答えが出ました。派生して「自分の給料を寄付しているなんて，信用できる人」という意見も出ました。「頭にくるかもしれませんと断りながら，頭にくるとわかっている発言をするなんて……」と考える子もいました。飽くことなく物をほしがる先進国の状況については，「自分たちは，そこまでものをほしがったりしない」と多くの子が答えましたが，「スマホがほしくて困るという人は？」と少し笑いを含んだ投げかけをしてみると，意外なことにみんな黙り込んでしまい，身につまされている様子でした。

　別のクラスでは，「ムヒカさんが説明した世界の状態は真実でしょうか。そうなら心配な状況があるということですね。学校図書館の本でそれに近いことが載っているものを，探してみましょう」と投げかけまし

た。すると，少人数のクラスでしたので，子ども同士で「大人のことは
よくわからないね。自分たちくらいの子どもの生活が書いてある本を見
てみよう」と言い合って，本を探し始めました。

　選ばれた本は『はたらく』（アリス館），『アフガニスタン　山の学校
の子どもたち』（偕成社），『写真で見る世界の子どもたちの暮らし』（あ
すなろ書房）。屋根も壁もドアもない教室，採ってきたものを食べる昼
食，昔話のように川で洗濯をする子どもたちの頁を報告しあい，世界に
現在本当にある暮らしの姿に，驚きを隠せない様子でした。

ブックコミュニケーションを終えて……

　大人が何十年かけても答えの出ないような内容の本を扱う時，子ども
たちに「考えさせる」ところまで進めていくのは，至難の業であると同
時に危険なことだという考えが私にはあります。上のブックコミュニケ
ーションにおいても，限られた図書の時間内で安易な結論に誘導してし
まうようなことは避けたいと考え，子どもたちが一か所に座っているま
までなく，学校図書館の中をうろうろしながら，友達と独り言のような
つぶやきでやりとりできるようにしました。

　大きなテーマの本を介してコミュニケーションを広げていきたいと考
える場合は，自由で縛りのない空間の中「内容を反芻する時間」を保障
することが大切だと感じました。

- -

　『世界でいちばん貧しい大統領のスピーチ』の，骨太のメッセージを
「正しさ」として聴くのでなく，それぞれが自分の納得のいく形にかみ砕
いていくその自由で真剣なやりとりに，圧倒されました。

　本を介したそれぞれの自由なつぶやきは，そのつぶやきがバラバラにな
らないようにと紡ぎ合わせることに大人（指導者）が躍起にならなくても，
子どもたち自身で多方向から編んでいくことができます。そして，その多
方向から紡いでいく過程こそがブックコミュニケーションでもあるのです。

CHAPTER3　ブックコミュニケーションのさまざまなかたち

■学生が取り組んだブックコミュニケーションの広がり

　教員を目指す学生が取り組んだブックコミュニケーションを紹介します。
　絵本や児童文学作品について学ぶ授業の最終回に，「本を子どもに読ま
せようとするのでなく，この本に出会えてうれしい，出会えてよかったと，
その場にいるみんなが思えるようなブックコミュニケーションを行ってみ
よう」という課題を出しました。学生たちは，あらかじめ用意した30冊
ほどの絵本の中からそれぞれ1冊を選び，どんなブックコミュニケーショ
ンを行えばよいか考え，教師側，子どもたち側どちらも体験する授業を行
いました。
　紹介するのは，語りかける側に立った学生の計画がうまくいったからで
はなく，聴き手の学生の側から思わず発せられた言葉から，ブックコミュ
ニケーションの形ができあがったもので，ブックコミュニケーションの広
がりを感じた実践例です。
　『そらいろ男爵』（主婦の友社）を選んだ学生Dの実践です。

あなたの大事な1冊が，平和の種になりますように　─────

　　学生Dが地球の絵と飛行機に乗ったそらいろ男爵の絵をまず黒板に貼
り，『そらいろ男爵』の絵本を掲げ，静かに語り始めました。
　　「この絵本は，フランスで2014年に出版されました。1914年，第
一次世界大戦勃発から100年目の記念の年に，さあどんな物語が誕生
したのでしょう？　表紙を見ると，飛行機のプロペラに触れている男の
人がいますね。この人が〈そらいろ男爵〉です。今からこの飛行機に乗
り込み，出陣するのかな？」と言いながら，表紙をめくり，見返しの頁
をよく見せます。「100年前，世界中が争いの中にいた時の地図のよう
なものが描かれているね。この地図の上を戦車や騎兵や潜水艦，そして
いくつもの爆弾なんかも投下されていた。でもそらいろ男爵は，砲弾の
代わりにありとあらゆる本を空から降らしたのです。戦いをやめて兵士

113

たちはみんな本を読みふけり，その本について敵味方なくおしゃべりをしたくなった。戦いの場にコミュニケーションが生まれたのです。本ってすごい力があるんだね」と言いながら，小さな色紙をみんなに配りました。「その紙にあなたにとって誰かにおもしろさを伝えたい1冊を書いてみてね。書いたら，全部黒板に貼ってみましょう。」

　学生はここで語りを終え，あとはみんなに紙を黒板に貼ってもらってブックコミュニケーションを終了するつもりだったようです。ところが，記入を終えた紙を握りしめた学生の一人が「せっかくだから，どの国にこの本を落としたいかも話したいな」とぽつり。「だったら，世界地図を黒板に大きく描かなきゃね」と言う学生が現れ，「世界地図って書けるかなぁ〜」と言いながら何人かが前に出て，頭をひねりながら世界地図を完成させました。

　学生E「私は『たんぽぽ』（福音館書店）という絵本の中のけなげで強いたんぽぽの花の生命力をチェルノブイリの平原に。祈りを込めて」，学生F「私は風や小鳥さんの力を借りて素敵な模様が生まれた『わたしのワンピース』（こぐま社）を，強制労働で苦しむアフリカ大陸ガーナの子どもたちへ」，学生G「『嫌われる勇気』（ダイヤモンド社）という哲学者と青年の対話を，自分に自信がなくいつも他者の目を気にしてびくびくしている日本のわたしたちへ」……，こんな風に次々に自分の言葉で，自分のお気に入りの1冊を記した紙を，世界のさまざまな苦しみの場所に向けて貼っていきました。

　世界地図が次第に本でおおわれていく様子をみんなでじっと眺めながら，それぞれが〈今この時間の世界〉を自分に引き寄せて考えました。

ブックコミュニケーションを終えて……学生Dの感想
　みんなが，私の考えたブックコミュニケーションをどんどん発展させてくれてびっくりしました。戦争のこと，平和のことにつなげて絵本を用いるというのは，先生が熱と使命感をもって子どもたちに向かうものとばかり思っていましたが，ブックコミュニケーションでは，自然にみ

114

CHAPTER3　ブックコミュニケーションのさまざまなかたち

んなの中にあるやさしい思いが花びらみたいに開いていき，誰が誰にということなくゆるやかに心が満たされていくなぁと実感しました。今回の本の内容が，偶然でしたが，まさしく兵士たちのブックコミュニケーションだったので，二度びっくりしました。

_____

できあがった黒板の本の地図を眺めると，世界中のいがみ合いや争いの根っこにあるものに，これまでとは違ったまなざしを向けることもできたように思います。また，「日本の子どもに」という願いのもとに貼られた本のカードが意外にも多く，令和の時代の子どもたちの心の内側のしんどさを改めて感じる時間にもなりました。計画通りではなく，さらなる広がりが展開されたブックコミュニケーション，とてもおもしろかったです。気づけば，模造紙に描かれていた〈そらいろ男爵〉は，切り取られて世界地図の上へ。あざやかな飛翔！

■ブックコミュニケーションを国語の授業へ 発展させる試み

　元中学校国語科教諭である著者の伊木が，国語科の授業で取り組んでいた，本を仲立ちとした取り組みを紹介します。これは，ブックコミュニケーションとして行ったものではありませんが，ブックコミュニケーションの発展形といえます。

言葉を贈る

　中学校 1 年生を対象に，国語の授業の締めくくりとして，本を仲立ちとして「言葉を贈る」活動を取り入れてきました。1 年間を通じて，お互いの思いを大切にし合い，喜びも悩みもともにして，響きあう関係を紡いできた生徒たちだからこそ，本を仲立ちとして，言葉を贈り合い，心を通わせ合う場は，1 年のしめくくりにふさわしいのではないかと考えてきたからです。振り返るに，この授業での試みは，そのままブック

115

コミュニケーションの発展形でした。1冊の本が「わたし」から「あなた」へ自分の心の中をかいくぐった言葉で手渡されていくのですから。

その手順はいたってシンプルです。

1 これまでに出会った本から，心に響いた印象に残る言葉を選ぶ。

2 その言葉を贈りたい人を決める。

3 他ならぬその人に，他ならぬその言葉を贈りたい理由を考える。

4 言葉をカードにしたためて，紹介し合い，思いを共有する。

取り上げる本も，贈りたい人も，贈る言葉も，そして，贈る思いも，一人ひとりそれぞれです。けれども，ともに活動するのは誰でもない大切な仲間です。なかなか言葉にできないけれど，確かに心の内にある思いを，一人ひとりが本の言葉に託して，互いに届け合うのです。

Hさんは，『星の王子さま』（新潮社）から「大切なものは目に見えない」という言葉を取り上げて，「悩んでいる人」に贈りたいと記しました。自分が悩んでいる時に，いつも助けられている大切な言葉，「大切なものは目に見えない」。悩みを抱えて生きる自分が大切にしている言葉だからこそ，悩んでいる人にこの言葉を贈りたいというHさんのやさしさがあふれています。

Iさんは，『バッテリー』（教育画劇）から「……おれらは，まだ始まったばっかじゃねぇか。悩むことはねぇ。これからなんだよ。おれたちは……」という言葉にひきつけられて，この言葉を「これからがんばる人」に贈りたいと記しています。Iさんは，その理由として，まだ13歳。新しいことにチャレンジする人もいると思うと述べ，「これからなんだよ。おれたちは……」という言葉に込められた，未来に向かうひらかれた可能性に目を向けています。

Jさんが「夢がある人」に贈りたい言葉として選んだのは，サッカー選手中村俊輔の『夢をかなえるサッカーノート』（文藝春秋）にある「一歩ずつ夢はかなう」でした。夢は一歩ずつ一歩ずつかなえていけばいい，なかなかかなわない夢だと思っていても，少しずつかなっていくと思ったと記し，夢に向かい続ける一歩一歩の大切さを強調しています。

116

Kさんは，「くり返しの今日がわたしの道をつくっていく」という言葉を『ひらけ！ドア——毎日がはじまり，はじまり。』（PHP研究所）から拾い上げて，自分に贈っています。部活で同じような練習をしているけど，つみ重ねは大事なので，あきらめずにがんばっていこうと思ったというKさんは，くり返すことの意味を自らに問い返しています。

Lさんは，『キミに会いにきたよ』（学研）から「今この場所に立つまで　自分を信じて　今この場所から進む　自分を信じて　力いっぱい夢に向かう」という言葉を取り上げました。贈りたい人は他ならぬ自分です。この言葉を自分に贈る理由として，自分の将来の夢はあるけど，こんなのでいいのかなとか，自分には無理なんじゃないかと不安だった時この言葉に出会ったからと記しています。

実践を終えて……

交流し思いを共有し合った時間は，あたたかく豊かな時間になりました。Mさんは，交流後の感想として，「伝えたい思いや自分をすっきりさせたい言葉，一つ一つの言葉に深い重みがあるということを感じました。こういう時間はなくてはならないと思いました」と言っています。

本を仲立ちとして言葉を贈るというこの活動は，当初は他者に向けてメッセージを贈り合うことから，他者とのコミュニケーションを図るものになると考えていました。しかし，実際に試みると，悩みや不安に心が揺れ動く中学１年生が自分自身と向き合う場にもなりました。こうした本を仲立ちとしたコミュニケーションは，特に思春期の生徒たちにとって，他者とのコミュニケーションを豊かにするだけでなく，自己とのコミュニケーションを豊かにする場としても機能することが明らかになりました。

１冊の本，一つの言葉を仲立ちとして，自己を見つめ自己の内なる問題と向き合い，思いを共有したこの活動は，仲間，そして，自分自身と，豊かに心を通わせることをめざすブックコミュニケーションの可能性をひらく一つの方法であるといえるでしょう。

■ブックコミュニケーションの活用と展開

　いろいろな立場で実際に取り組まれたブックコミュニケーション，あるいは授業の中でのブックコミュニケーション的なアプローチを紹介しました。こうした実践から，ブックコミュニケーションのさまざまな活用，展開の可能性がみえてきました。

　学校現場では今，道徳，外国語活動，プログラミング，キャリア教育，金銭教育などなど，さまざまな新しい活動が求められています。あれもやってこれもやって，この上ブックコミュニケーションもなんて，とてもとても無理！　と負担に感じることなく，逆に，小学校編で示したテーマ別，中学校編で示した学級活動と連動させたブックコミュニケーションを，そうした新しい活動へのスムーズな導入やしめくくりに生かすことも可能なのです。

　語りかけ方，口調，しめくくり方などは，それぞれの先生の個性に合わせて自由に変わってよいし，クラスの状況によっても，じっくり発展させたり，短い投げかけにとどめたり，アレンジしてほしいと思います。私たち教師が子どもに本を手渡そうとする時，とかく本の主題に沿ってテーマを決めがちですが，CHAPTER 2で示したように，作者の言いたかったことに縛られず，今この本を読んでふと考えたことや自分にとって心に引っかかったことを素直に子どもたちに投げかけてみると，豊かなコミュニケーションが生まれることがしばしばあります。

　また，小学校編のように毎月切り口の違うテーマで語っていくもよし，中学校編のように1年間の子どもたちの成長を見通して，根底に流れるテーマをつむぎ編んでいくのもよいでしょう。1年間を通して，丁寧に読書に取り組むことはとても無理だと思われれば，ふと空いた時間に，さりげなく行ってみるのも効果的だと思います。

　ブックコミュニケーションは，先生と児童生徒の間だけでなく，教員同士，職員同士の間でも行えると素敵だなぁと思います。通常業務の中では

CHAPTER3　ブックコミュニケーションのさまざまなかたち

生まれない新鮮なコミュニケーションが生まれる可能性があります。若い教師との価値観が違いすぎる，ベテラン先生の考え方がわからない，職員室で他の先生とどうもうまくコミュニケーションがとれていない気がする，などと感じた時に，ちょっとした時間の隙間にブックコミュニケーションを行ってみれば，今までとは違うその人が見え，新しいコミュニケーションの場が生まれるに違いありません。保護者会などで，教師と保護者で行うのもいいでしょう。保護者との関係が子どもたちとの関係にも大きく影響する昨今です。保護者との響きあいをつくる試みをブックコミュニケーションのアレンジ版としてやってみてはいかがでしょうか。それをきっかけに，親子や祖父母と子どもたち，きょうだいなど，家庭でのブックコミュニケーションが生まれるかもしれません。

　このように，ブックコミュニケーションは語る人と，それを受けとめる人の魅力に育てられる無限の可能性を秘めています。

　今さらですが，なんでそこまで本にこだわるの？　本なんか使わずに思ったままに直球で子どもたちにぶつかっていった方が手っ取り早いんじゃないの？　と思われる方もいるやもしれません。でも，直球の言葉は逃げようがなく，ミットの正面で受けとめなくてはいけないという緊張感を子どもにもたせがちです。落としちゃいけない……と。ブックコミュニケーションに失敗はありません。ぽろっと地面に落としても，誰かが拾ってくれたり，後で拾うこともOKだし，もっといえば別に拾わなくてもいい。あぁ，あの時先生はなんだか真剣な顔で私たちに言葉を投げかけてたなぁ，という記憶だけでいいのです。

　重く難しい問題に直面し，どうしていいかわからない時，どうしたらいいかわかっている大人から正しい解決法を言葉で手渡されても，どこか自分には遠い理想論に思えてかえって苦しくなったり，そんな風に考えられない自分が取り残されたような気になったりして意外に響かないものです。そういう時，一見回り道のブックコミュニケーションが，子どもたちの進む道の風通しをよくし，〈なーんだ，もうちょっと何かできることがあるかもしれないな〉と少しでも心が上向きになりますように。

本を通じたコミュニケーションは，教師と子どもたちとの響きあう関係を生み，教室全体に響きあいをもたらします。本はとっても不思議な力をもち，人の思いや考えを超えた何かを生み出す力があります。本によって生まれるコミュニケーションによって，どの教室にも響きあいがもたらされることを心より願っています。

実践で用いた書籍

あきびんご（作）『ゆうだち』偕成社，2012

あさのあつこ（作）佐藤真紀子（絵）『バッテリー』教育画劇，1996

ジル・ボム（文）ティエリー・デデュー（絵）中島さおり（訳）『そらいろ男爵』主婦の友社，2015

平山和子（文・絵）北村四郎（監修）『たんぽぽ』福音館書店，1976

堀川波『ひらけ！　ドア──毎日がはじまり，はじまり。』ＰＨＰ研究所，2009

くさばよしみ（編）中川学（絵）『世界でいちばん貧しい大統領のスピーチ』汐文社，2014

いわむらかずお（作）『14ひきのシリーズ（既12巻）』童心社，2002

岸見一郎／古賀史健『嫌われる勇気──自己啓発の源流「アドラー」の教え』ダイヤモンド社，2013

長倉洋海（文・写真）『はたらく』アリス館，2017

長倉洋海『アフガニスタン　山の学校の子どもたち』偕成社，2006

中村俊輔『夢をかなえるサッカーノート』文藝春秋，2009

にしまきかやこ（絵・文）『わたしのワンピース』こぐま社，1969

ペニー・スミス，ザハヴィット・シェイレブ（編著）赤尾秀子（訳）『写真でみる世界の子どもたちの暮らし──世界31ヵ国の教室から』あすなろ書房，2008

サン＝テグジュペリ（著）河野万里子（訳）『星の王子さま』新潮社，2006

田村みえ（作・絵）『キミに会いにきたよ』学研，2000

ブックコミュニケーションに活用できるブックリスト

◆CHAPTER2で掲げたテーマから
<小学校編>
いのち
『この計画はひみつです』ジョナ・ウィンター 文／ジャネット・ウィンター 絵
／さくまゆみこ 訳／鈴木出版／2018

『ぶたにく』大西暢夫 写真・文／幻冬舎エデュケーション／2010

『まるごとどんぐりスペシャル』おおたきれいこ 著／かもがわ出版／2010

ともだち
『タコやん』富安陽子 文／南伸坊 絵／福音館書店／2019

『たいせつな友だち』モイヤ・シモンズ 作／後藤貴志 画／中井はるの 訳／く
もん出版／2009

おもいやり
『どんなきもち？』ミース・ファン・ハウト 作／ほんまちひろ 訳／西村書店／
2015

『ふたりの星』ロイス＝ローリー 作／太田大輔 絵／掛川恭子，卜部千恵子 訳
／童話館出版／2013

はっけん
『クジラのおなかからプラスチック』保坂直紀 著／旬報社／2018

『ヤモリの指から不思議なテープ：自然に学んだすごい！技術』石田秀輝 監修
／松田素子，江口絵理 文／西澤真樹子 絵／アリス館／2011

『だ～いすきなものパチリ』菅洋志 構成・文／横浜市立盲特別支援学校の子ど
もたち 写真／日本標準／2009

『小学生のキッチンでかんたん実験60：親子で楽しく遊びながら、学べる！』
学研科学ソフト開発部 編／学習研究社／2007

『落ち葉』平山和子 文・絵／平山英三 構成・写真／福音館書店／2005

いきもの
『虫・むし・オンステージ！：森の小さな部隊へようこそ』森上信夫 写真・文
／フレーベル館／2018

『すいぞくかんの みんなの１日』松橋利光 写真／なかのひろみ 文／アリス館／2013

『世界のふしぎな虫 おもしろい虫』今森光彦 著／塚田悦造・市川顕彦 監修／アリス館／2012

『驚異の大地アフリカ：空から眺めた地球の素顔』ロバート・B・ハース 写真・文／関利枝子ほか 訳／日経ナショナルジオグラフィック社／2005

気づき

『イソップ物語13のおはなし』いまいあやの 文・絵／ＢＬ出版／2012

『働きアリの２割はサボっている：身近な生き物たちのサイエンス』稲垣栄洋 著／小林木造 絵／家の光協会／2008

『人にはたくさんの土地がいるか』レフ・トルストイ 著／北御門二郎 訳／あすなろ書房／2006

『鳥が教えてくれた空』三宮麻由子 著／集英社文庫／2004

せいかつ

『１ねん１くみの１にち』川島敏生 写真・文／アリス館／2010

『惣一じいちゃんの知っているかい？農業のこと』山下惣一 著／家の光協会／2009

『可笑しな家　世界中の奇妙な家・ふしぎな家60軒』黒崎敏＆ビーチテラス 編著／二見書房／2008

『とろける鉄工所１』野村宗弘 著／講談社／2008

もの

『文房具図鑑：その文具のいい所から悪い所まで最強解説』山本健太郎 著／いろは出版／2016

『美術館ってどんなところ？』フロランス・デュカトー 文／シャンタル・ペタン 絵／青柳正規 日本語版監修／野坂悦子 訳／西村書店／2013

『ボタン』森絵都 作／スギヤマカナヨ 絵／偕成社／2013

『こんなおみせしってる？』藤原マキ 作・絵／福音館書店／2010

『切り身の図鑑①魚』こどもくらぶ 編／星の環会／2008

からだ

『ヒキガエルがいく』パク ジョンチェ 作／申明浩・広松由紀子 訳／岩波書店／2019

『水中犬』セス・キャスティール 著／有限会社エートゥーゼット 訳／サンマー

ク出版／2013

『古武術で毎日がラクラク！　疲れない、ケガしない「体の使い方」』甲野善紀
　　指導・監修／荻野アンナ 文／祥伝社／2012

『おいしい おと』三宮麻由子 文／ふくしまあきえ 絵／福音館書店／2008

ことば

『シルバー川柳：誕生日ローソク吹いて立ちくらみ』社団法人全国有料老人
　　ホーム協会、ポプラ社編集部 編／ポプラ社／2012

『疾走する女性歌人：現代短歌の新しい流れ』篠弘 著／集英社／2000

『リズム(Rainbow books)』真砂秀朗 絵／三起商行／1990

じぶん

『りんごかもしれない』ヨシタケシンスケ 作／ブロンズ新社／2013

『迷いの路』ふくだとしお 著／成美堂出版／2008

『きもちって、なに？』オスカー・ブルニフィエ 文／セルジュ・ブロック 絵／
　　重松清 日本版監修／西宮かおり 訳／朝日出版社／2006

みらい

『100年たったら』石井睦美 文／あべ弘士 絵／アリス館／2018

『Michi（みち）』junaida 著／福音館書店／2018

『世界を信じるためのメソッド：ぼくらの時代のメディア・リテラシー（より
　　みちパン！セ）』森達也 著／イースト・プレス／2011

＜中学校編＞

出会いのとき

『スウガクって、なんの役に立ちますか？：ヘタな字も方向オンチもなおる！
　　数学は最強の問題解決ツール』杉原厚吉 著／誠文堂新光社／2017

『パパ・カレー』武田美穂 作／ほるぷ出版／2011

『どんどん　きいて！　ＡＳＫ　ＭＥ！』アンティエ・ダム 作／石津ちひろ 訳
　　／小学館／2004

『まるごと好きです』工藤直子 著／筑摩書房／1985

劣等感を超えて

『チャルーネ』ホーコン・ウーヴレオース 作／オイヴィン・トールシェーテル
　　絵／菱木晃子 訳／ゴブリン書房／2018

『雑草キャラクター図鑑：物言わぬ植物たちの意外な知恵と生態が1コママンガでよくわかる』稲垣栄洋 著／誠文堂新光社／2017

『ボクのこときらい？：カエルのきもち』やすのぶなおふみ 文／まつはしとしみつ 写真／PHP研究所／2004

気づかい合う

『マルコとパパ：ダウン症のあるむすことぼくのスケッチブック』ゲスティ 作・絵／宇野和美 訳／偕成社／2018

『難民になったねこ　クンクーシュ』マイン・ヴェンチューラ 文／ベディ・グオ 絵／ヤズミン・サイキア 監修／中井はるの 訳／かもがわ出版／2018

『ペコロスの母に会いに行く』岡野雄一 著／西日本新聞社／2012

ほどよい距離感

『あららのはたけ』村中李衣 作／石川えりこ 絵／偕成社／2019

『Your Lone Journey　あなたのひとり旅』M・B・ゴフスタイン 画／谷川俊太郎 訳／現代企画室／2012

『親子：いくつになっても、どこにいても。』田淵章三 写真／架空社／2004

戦争を我がこととして

『へいわとせんそう』たにかわしゅんたろう ぶん／Noritake え／ブロンズ新社／2019

『少女たちの学級日誌：瀬田国民学校五年智組：1944-1945』吉村文成 解説／偕成社／2015

『ひろしま』石内都 著／集英社／2008

『夕凪の街　桜の国』こうの史代 著／双葉社／2004

『兄貴』今江祥智 著／新潮文庫／1989

『おれたちたちのおふくろ』今江祥智 著／理論社／1983

『猫は生きている』早乙女勝元 作／田島征三 絵／理論社／1973

ともに作りあげる

『算数の授業で教えてはいけないこと，教えなくてはいけないこと』正木孝昌 著／黎明書房／2009

『学校って、ええもんやでぇ』武田光司 著／木耳社／2007

『「ニッポン社会」入門：英国人記者の抱腹レポート』コリン・ジョイス 著／谷岡健彦 訳／NHK出版／2006

世界とつながる

『つながる』長倉洋海 写真・文／アリス館／2019

『それ行け!! 珍バイク』ハンス・ケンプ 著／三角和代 訳／グラフィック社／2012

『こんなに厳しい！ 世界の校則』（メディアファクトリー新書029）二宮晧 監修／メディアファクトリー／2011

『世界から貧しさをなくす30の方法』田中優，樫田秀樹，マエキタミヤコ 編／合同出版／2006

『問題な日本語 どこがおかしい？ 何がおかしい？』北原保雄 編／大修館書店／2004

『世界の中学生』（全8巻）学研プラス／2003

『泥まみれの死：沢田教一 ベトナム写真集』沢田教一 写真／沢田サタ 著／講談社文庫／1985

弱さを受けとめて

『ソロモンの白いキツネ』ジャッキー・モリス 著／千葉茂樹 訳／木内達郎 絵／あすなろ書房／2018

『いのちより大切なもの』星野富弘 著／いのちのことば社／2012

『星野富弘詩画集 ありがとう私のいのち』星野富弘 著／学研パブリッシング／2011

『おばあちゃんが、ぼけた。』村瀬孝生 著／理論社／2007

『こころのほつれ、なおし屋さん。』村中李衣 著／クレヨンハウス／2004

あさましい心に向き合う

『泥』ルイス・サッカー 著／千葉茂樹 訳／小学館／2018

『それでも人のつもりかな』有島希音 作／流亜 絵／岩崎書店／2018

『びんの悪魔』R・L・スティーブンソン 作／よしだみどり 訳／磯良一 画／福音館書店／2010

『詩集 群生海』榎本栄一 著／東本願寺難波別院／1975

種をまく

『ダーウィンの「種の起源」：はじめての進化論』サビーナ・ラデヴァ 作・絵／福岡伸一 訳／岩波書店／2019

『グーテンベルクのふしぎな機械』ジェイムズ・ランフォード 作／千葉茂樹 訳／あすなろ書房／2013

『東井義雄一日一言：いのちの言葉』東井義雄 著／米田啓祐，西村徹 編／致知

出版社／2007

『全ての装備を知恵に置き換えること』石川直樹 著／晶文社／2005

『喜びの種をまこう：誰にもできる無財の七施』東井義雄 著／柏樹社／1991

『えぞまつ：うけつがれる　いのちのひみつ（かがくのとも傑作集　どきどき・しぜん）』神沢利子 文／吉田勝彦 絵／有澤浩 監修／福音館書店／2011

明日はきっと

『あしたはきっと』デイヴ・エガーズ 文／レイン・スミス 絵／青山南 訳／BL出版／2019

『幸せはあなたの心が決める』渡辺和子 著／PHP研究所／2015

『未来をかえるイチロー262 の next メッセージ』「未来をかえるイチロー262 の Next メッセージ」編集委員会 著／ぴあ／2008

『アリのさんぽ』こしだミカ 作／架空社／2005

『レナレナ』ハリエット・ヴァン・レーク 作／野坂悦子 訳／リブロポート／1989

『君たちはどう生きるか』吉野源三郎 著／岩波文庫／1982

別れのとき

『わたしのげぼく』上野そら 作／くまくら珠美 絵／アルファポリス／2017

『アトリエのきつね』ロランス・ブルギニョン 作／ギ・セルヴェ 絵／中井珠子 訳／BL出版／2011

『日本鉄道旅行地図帳：全線・全駅・全廃線 12号』今尾恵介 監修／日本鉄道旅行地図帳編集部 編／新潮社／2009

『ぶたばあちゃん』マーガレット・ワイルド 文／ロン・ブルックス 絵／今村葦子 訳／あすなろ書房／1995

＜ほかにこんなテーマでブックコミュニケーションをしてみては？＞

心を遠くへとばしてみる：少し見方を変えると窮屈な現在に新しい風が吹いてくることもある

『飛族』村田喜代子 著／文藝春秋／2019

『いつか、太陽の船』村中李衣 作／こしだミカ・根室の子ども達 絵／新日本出版社／2019

『魔法のつえ』ジョン・バッカン 著／黒崎義介 絵／太田黒克彦 編著／復刊ドットコム／2013

『ないもの、あります』クラフト・エヴィング商會 著／筑摩書房／2001

『三国志』吉川英治 著／講談社／1989

『ねずみ女房』R・ゴッデン 作／W・P・デュボア 画／石井桃子 訳／福音館書店／1977

『旅の絵本』安野光雅 作／福音館書店／1977

いのちの感受性：いたわりも裏切りも喜びも悲しみも、かけがえのないいのちのレッスン

『おおきな木』シェル・シルヴァスタイン 作・絵／村上春樹 訳／あすなろ書房／2010

『八木重吉詩集　素朴な琴（豊かなことば 現代日本の詩２）』八木重吉／伊藤英治 編／岩崎書店／2009

『つきのふね』森絵都 著／角川書店／2005

『はせがわくんきらいや』長谷川集平 著／復刊ドットコム／2003

『でんでんむしのかなしみ』新美南吉 作／かみやしん 絵／大日本図書／1999

『遺愛集』島秋人 著／東京美術／1974

哲学するこころ：日常を見逃さず、こころの深い場所で問うてみる

『セミ』ショーン・タン 作／岸本佐知子 訳／河出書房新社／2019

『ローラとつくるあなたのせかい』ローラ・カーリン 作／ひろまつゆきこ 訳／BL出版／2016

『世界一素朴な質問、宇宙一美しい答え』ジェンマ・エルウィン・ハリス 編／西田美緒子 訳／タイマタカシ 絵／河出書房新社／2013

『わかりあえないことから：コミュニケーション能力とは何か』平田オリザ 著／講談社／2012

『みをつくし料理帖シリーズ』髙田郁 著／角川春樹事務所／2009〜2014

『モモ』ミヒャエル・エンデ 作／大島かおり 訳／岩波書店／2005

『ちくま哲学の森　別巻 定義集』鶴見俊輔他 編／筑摩書房／1990

著者紹介

村中　李衣（むらなか　りえ）

1958年山口県生まれ。ノートルダム清心女子大学教授を経て，山口学芸大学客員教授。
児童養護施設・老人保健施設・刑務所など様々な場所で絵本の読みあいを続ける。
『チャーシューの月』（小峰書店）で，日本児童文学者協会賞。
「長期入院児のための絵本の読みあい」（西隆太朗と共同研究）で，日本絵本研究賞。
『あららのはたけ』（偕成社）で，坪田譲治文学賞。
『ワークで学ぶ児童文化──感じあう　伝えあう』（金子書房），『保育をゆたかに絵本
でコミュニケーション』（かもがわ出版）などの他，『こくん』（童心社），『いつか，太
陽の船』（新日本出版社）他，絵本や児童書の創作も多数。
　CHAPTER 1, 2, 3

伊木　洋（いぎ　ひろし）

1961年鳥取県生まれ。ノートルダム清心女子大学文学部日本語日本文学科教授
中学校の国語科教諭として，学校図書館を活用した学習者主体の国語教室の創造に取り
組む。
著書に，『中学校国語科学習指導の創造──学校図書館と学習者を結んで』（溪水社），
『ことばの授業づくりハンドブックシリーズ　中学校・高等学校「書くこと」の学習指
導──実践史をふまえて』（溪水社，共著），『豊かな言語活動が拓く　国語単元学習の
創造　VI中学校編』（東洋館出版社，共著），他。
　CHAPTER 2中学校編，CHAPTER 3（pp.115〜117）

執筆協力（所属・肩書は2019年10月現在）

前田真奈美：山口県下関市立勝山小学校教頭・下関ブックトーク研究会会長
さみぞみわこ：岡山県吉備中央町立小学校学校司書・絵本専門士
森結希：岡山県備前市立香登小学校教諭

本書CHAPTER 2小学校編は，教育出版発行のメールマガジンに連載された
「村中李衣の"先生のためのブックトーク練習帳"」より一部抜粋し，書き下
ろしを加え，大幅に改変したものです。

はじめよう！　ブックコミュニケーション
響きあう教室へ

| 2019年11月27日　　初版第1刷発行 | ［検印省略］ |
| 2024年8月31日　　初版第3刷発行 | |

著　者　　　村　中　李　衣
　　　　　　伊　木　　　洋
発行者　　　金　子　紀　子
発行所　株式会社　金　子　書　房
　　　　　　〒112-0012　東京都文京区大塚3－3－7
　　　　　　TEL 03-3941-0111㈹　　FAX 03-3941-0163
　　　　　　振替　00180-9-103376
　　　　　　URL　https://www.kanekoshobo.co.jp
印刷／藤原印刷株式会社　　製本／有限会社井上製本所
© Rie Muranaka, Hiroshi Igi 2019　Printed in Japan
ISBN 978-4-7608-3279-8 C3037

関連図書

ワークを通して、保育、教育に携わる人に必要な
子どもへのまなざしを鍛える

感じあう 伝えあう
ワークで学ぶ児童文化

村中李衣 編著

B5判 144頁 定価 本体2,300円＋税

子どものころ夢中になった遊び、ゲーム、絵本から、子どもをとりまく自然、社会環境まで、子どもが生きる世界を、身体で感じ、自分のことばで考える、ワーク満載！ 編者おすすめの絵本、児童文学も多数紹介しています。

●主な内容
- 第1章 世界をどう見るか──子どもの立ち位置で世界を見渡してみよう
- 第2章 子どもの中に流れる時間──子どものまなざしで時の流れを感じてみよう
- 第3章 自分ものがたり──子ども時代の何気ない出来事を語り直してみよう
- 第4章 子どもと経済──子どもを巻き込む消費社会のしくみを調べよう
- 第5章 子どもとヒーロー──ヒーローの魅力と変遷を調べよう
- 第6章 子どもとサブカルチャー──子どもがはまるゲームの功罪について考えよう
- 第7章 子どもと遊び──遊びのいろいろを体感しよう
- 第8章 子どもと絵本・子どもと読書──物語の力について考えよう
- 第9章 ことば・声・いのち──声の力、語りの力を感じてみよう
- 第10章 子どもと自然・子どもと社会
　　　　──子どもをとりまく自然と社会のあり方を考えよう